QUEM FALA BEM VENDE MAIS

BOB FLORIANO

Voz com conteúdo!

PREFÁCIO

Ao longo da minha vida profissional, por estes 15 anos de rádio e televisão, muitas vezes conheci pessoas que conseguiram construir personagens incríveis diante do microfone ou das câmeras. Eu uso este termo propositalmente, porque nem sempre aquilo que o profissional transmitia para o público correspondia ao que realmente emanava de energia ou vibrações para quem estava ao redor, quando as luzes vermelhas de câmeras ou estúdios estavam desligadas.

Sempre que vivenciava situações como esta, não conseguia deixar de ficar surpreso. Afinal, bem antes da minha vida profissional começar, eu já estava neste meio e tive uma experiência bem diferente. Acreditava que a autenticidade seria uma regra.

Minha história de vida levou-me a ter muitas mães e pais, pessoas que não eram diretamente responsáveis pela criação ou sustento, mas faziam questão de assumir parte destas responsabilidades e muito influenciaram minha formação. Dentre elas, o padrinho, com quem aprendi muitas coisas.

Todos temos direito à felicidade e buscar esse objetivo não é algo que nos torne menos leais aos que nos cercam. Esta foi a lição que transformou minha vida assim que a entendi.

O padrinho aprendeu muito cedo sobre aquilo que poderia fazê-lo feliz. Confesso que tenho ainda uma certa dificuldade de ver isso com clareza, mas aprendi com ele que a busca pelo ótimo já está provida de felicidade.

Fico impressionado ao perceber quanto uma paixão é capaz de inspirar as pessoas. Desde criança, fui arrebatado pelos sentimentos do meu padrinho. Na infância, eu era muito tímido. O constante e largo sorriso dele me ajudou muito. Aprendi a ser mais alegre e interagir melhor com as pessoas. Ganhei dele muitos dos meus presentes mais marcantes, como o fusca 1968, uma das suas mais profundas paixões. Este presente me permitiu interagir com mais pessoas, já que a partir daí eu frequentaria a confraria do fusca.

Foi assim, procurando estar cada vez mais próximo desta alegria, que acabei frequentando muito o seu ambiente de trabalho, até porque a profissão permitia este passeio, era mais natural... A felicidade que estava ali certamente me empurrou para este meio. As brincadeiras e a animação "*on air*" eram as mesmas de quando estávamos na casa dos meus avós ou nos muitos passeios que fazíamos, como na época em que ele me levava, mensalmente, para cortar o cabelo.

São estas razões, além de muitas outras, que sempre me espantam quando percebo colegas de trabalho escolhendo construir um personagem. Ao longo do tempo percebi que, em média, os profissionais mais bem-sucedidos e, sem dúvida, os mais felizes, são aqueles que realmente amam o que fazem e fazem o que amam.

Meu padrinho é conhecido por quase todos que algum dia passaram por sua vida como Bob Floriano. Pra mim, será sempre o tio Roberto. Deixo aqui a resposta para uma das perguntas desta obra, que é autêntica e traduz uma paixão verdadeira.

Obrigado, tio!

Thiago Barbosa é locutor na rádio CBN, Central Brasileira de Notícias, onde atua como âncora e entrevistador.

ÍNDICE

INTRODUÇÃO

Qual é o tamanho da sua fome?

Qual é o tamanho da sua sede por excelência e sucesso?

Eu sei que você está com fome e por isso abriu as páginas desta obra!

Desde já, receba o meu ***muito obrigado*** por adquirir esta obra, concedendo-me, assim, a oportunidade de ***escrever*** para você sobre experiência de vida.

Não defenderei teorias. Obrigado por permitir que compartilhe ***vivências*** e ***cases*** que tive o prazer de acumular em quatro empresas maravilhosas para as quais trabalhei. A construção deste legado escrito tem o objetivo de contribuir, por meio destas vivências, com a sua vida pessoal e profissional.

E o que estes quatro ***cases*** podem oferecer como "fórmulas" aplicáveis ao seu trabalho e vida pessoal? A reposta é simples e preenche alguns critérios unânimes:

- Vender mais;
- Atender melhor;
- Criar fidelização com os clientes;
- Proporcionar um atalho para a excelência.

Antes de me aprofundar no conteúdo, peço permissão para contar uma pequena história...

CAPÍTULO I

O filho do meio e a comunicação em sua vida

Quando tem amor na parada, não se mede nada.

Não sei se você é filho do meio. Caso contrário, a partir de agora vai saber em detalhes como eles vivem e se sentem.

Costuma-se dizer que o mais velho é relativamente mimado, o mais novo é sempre o coitadinho e o do meio... O do meio se vira e falo por experiência própria.

Diante desta condição, o do meio vai vivendo e aprendendo ***de fato*** a se virar, ou seja, a encontrar soluções.

Com o tempo, descobre que as pessoas lhe omitiram muitos valores. E como ninguém lhe contou, por exemplo, que deve ter medo disso ou daquilo, ele simplesmente vai lá e faz. Ora, então ser o filho do meio é uma grande dádiva, afinal você não depende de ninguém. Talvez...

Na sua história de vida, em algum lugar, estas negativas foram escritas?

Não, você não pode!

Não, você não consegue!

Tenho certeza que você, caro(a) leitor(a), não conseguiria me mostrar onde tais afirmações limitantes foram registradas.

Ninguém disse, por exemplo, para uma determinada menina, que as luvas de boxe em suas mãos pequeninas não derrubariam um possível inimigo. Em sua imaginação de criança, ela continuou acreditando. Tampouco lhe disseram que a máscara não a torna desconhecida, anônima, mas a pequena acredita que se a máscara estiver em seu rostinho, ninguém é capaz de reconhecê-la, tal qual acontece com seus heróis.

E se ninguém disse nada disso, por que ela acredita?

Porque a garotinha nasceu acreditando.

Conosco, não é diferente. Por que nascemos acreditando e, no meio do caminho, desacreditamos no potencial?

Porque colocam bobagens pessimistas em nossa cabeça, no formato de crenças.

E eu pergunto: o que acha de derrubar, com as ferramentas que oferecerei nesta obra, ***no mínimo***, 50% destas crenças gravadas em seu inconsciente, capazes de lhe manter distante do sucesso profissional e da excelência pessoal?

Imagino que você tenha pensado isso ou algo parecido:

Legal, assim farei as coisas que ainda não fiz!

Vamos exemplificar: ainda há quem acredite que manga com leite faz mal. Também há quem duvide desta crendice popular, mas, *na dúvida*, também não experimenta.

Vai que dá um problema. Eu não vou arriscar! – pensa a pessoa que passou a vida inteira curiosa sobre o sabor desta mistura.

Existe algum estudo científico comprobatório de que esta combinação gera algum dano para o organismo humano? **Não!**

A *razão* da pessoa temerosa, ou seja, sua consciência, *prova* que não faz mal. No entanto, ela diz:

– *Não vou experimentar, estou cheio, obrigado!* – isso ocorre por um motivo específico.

Nossas crenças são mais fortes que a razão.

Traduzindo este exemplo para outras áreas da vida, quando se dispõe a acabar com a crença que limita algum desejo latente, você ganha muito, pois diminui a distância que a excelência tinha estabelecido de sua vida.

Imagine as crenças limitantes que você tem, vive e **insiste**, de forma consciente ou inconsciente, em ficar com elas.

Às vezes, respeitando os pais ou avós, mantemos estas crenças quietinhas. Ainda no exemplo da manga com leite, digamos que a avó tenha inserido esta crença em sua mais inocente idade. Décadas se passaram e a avó já partiu para o descanso eterno.

E você? Vai continuar alimentando e dando vida à crença, ignorando a voz de sua razão?

Pense bem sobre quanto você pode ganhar, acabando com as crenças limitantes. Comecei a obra explanando sobre a fome e a sede por sucesso e excelência. Você pode pensar: *Já sei que devo ser dotado(a) deste apetite voraz e desta sede insaciável.*

Acredito que saiba, mas resta um conhecimento adicional e de extrema relevância.

A inconstância no apetite e na sede pode nos manter distantes dos maiores sonhos e desejos da vida. Você deve sentir esta fome e sede todo santo dia, transformando-os em um comportamento constante.

Quando finalmente chegar ao seleto grupo da excelência que almejava, saia dali e busque outros níveis mais elevados de excelência. Não pense que escrevi erroneamente, é isso mesmo!

Não há mais nada para ser aprendido? Busque um novo desafio de excelência e fuja do ***toísmo***.

Tô bem aqui!

Tô confortável aqui!

Tô sem coragem de trocar o certo pelo duvidoso!

São frases típicas de quem não deseja crescer e cabe lembrar, como argumentei no início da obra, que **ninguém** anotou em lugar algum que você não poderia ou mereceria crescer.

Reflita: a distância entre você e a felicidade é o seu querer.

Comunicação

Comunicação é minha vida e esta frase sempre acompanhou cada passo profissional que dei:

Comunicação não é o que você diz, mas o que as pessoas entendem.

David Ogilvy

Permita-me narrar, brevemente, um trecho de minha história.

Meus pais foram criados em Minas Gerais e se conheceram durante a década de 1950, na belíssima cidade de Pouso Alegre, uma das áreas mais arborizadas do estado de Minas e famosa pela excelente qualidade de seus morangos.

O namoro prosseguiu a distância. Aos 17, meu pai deixou sua cidade natal, Cachoeira de Minas, e partiu para São Paulo, a fim de trabalhar e estudar.

Algum tempo depois, minha mãe veio para São Paulo, também buscando uma vida melhor. Passou a morar com seu padrinho e conseguiu trabalho em uma instituição financeira. Como meu avô materno já havia falecido há bastante tempo, minha avó decidiu vender o que tinha e veio ao encontro de minha mãe.

Junto com minha avó, também migrou para terras paulistanas a *irmã de criação* de minha mãe, adotada na infância por minha avó. Fechando o quarteto mineiro que viveria em Sampa a partir dali, estava meu inesquecível tio Joaquim.

O bairro do Sumaré acolheu meus familiares, precisamente na rua Galeno de Almeida. Foi ali que minha avó comprou sua casa, um sobrado onde eu passaria praticamente toda a infância.

Cinco anos depois, meu pai comprou a casa ao lado de onde já morava o quarteto de minha família e casou-se com minha mãe.

Vieram os filhos, espaçados por dois anos. Em 1958, nasceu meu irmão. Eu (filho do meio) vim ao mundo em 1960 e minha irmã caçula, em 1962. Revezávamos entre a casa da avó e a casa da mãe, afinal não havia muro que separava as propriedades e, convenhamos, criança ama a casa da avó.

Vó que é vó dá pudim e não dá jiló.

Passei toda a infância na casa da avó, onde tudo é sempre muito mais gostoso. Eu recebia e retribuía o carinho da avó, da Maria, que praticamente nos criou e de meu tio, uma das figuras mais marcantes em minha vida.

O tio Joaquim

Já contabilizo mais de três décadas que consagram meu trabalho como locutor, apresentador e devo ao tio Joaquim o apreço por rádio e televisão. Ele, que tanto gostava destes ambientes, de sua maneira peculiar, me ensinou a gostar.

Os leitores, que assim como eu já viveram muitas primaveras, se lembrarão: meu tio adorava escutar no rádio o programa ***O Trabuco***, de Vicente Leporace. Na televisão, tio Joaquim preferia Família Trapo, outro clássico do final da década de 1960, com Otello Zeloni e grande elenco.

Os programas populares, portanto, me ensinaram ***o que é*** falar com o consumidor. Ainda criança, eu sabia muito bem o significado da audiência, mas até ali não entendia o consumidor em sua singularidade.

Uma das maiores e melhores lembranças que guardo de Tio Joaquim é a sua risada altíssima. Sempre muito feliz a despeito das adversidades, ele dava uma gargalhada de verdade, como se estivesse rindo com a alma. Comecei a perceber, pela influência da simplicidade que cercou minha infância, qual era *o toque, a fórmula* de um de programa popular.

Silvio Santos, um grande mestre, me ensinou que incluir a audiência no trabalho, trazendo-a ao palco, como se cada pessoa fizesse parte da vida dele, garantia confiança e audiência. Inclusive, eternizou o bordão que o acompanha desde os primeiros momentos na televisão: ***minhas colegas de trabalho***.

A expressão tinha a capacidade de gerar sensação de pertencimento: as pessoas tinham a sensação de que eram parte da vida de Silvio Santos e, ao mesmo tempo, identificavam o apresentador como parte de suas vidas, como se o Silvio também estivesse sentado na audiência, de tão próximo que estava das colegas.

O nome disso é identificação com o público. As pessoas vendem e atendem melhor quando conseguem gerar empatia com os clientes.

Quanto mais empatia, maior o poder de persuasão. Os seus produtos, já existentes ou criados, terão credibilidade porque a identificação permitirá aos clientes se espelharem em você com tamanha magnitude que terão o desejo de compra despertado e também as vontades ou necessidades.

Então, eu lhe pergunto:

Não é assim que devemos fazer?

Não é assim que devemos procurar o nosso público?

Por acaso, não devemos saber e ter, verdadeiramente, interesse por nosso cliente?

Eu ouvia rádio e tinha a nobre companhia do tio Joaquim. Havia duas publicações chamadas *Revista do Rádio* e *Radiolândia*, que destacavam um *raio x* do artista de rádio, além de fofocas em geral. Tio Joaquim era fã de Emilinha Borba, Nelson Gonçalves e outros. Segundo eu acreditava, era uma situação curiosa. As pessoas que compravam a revista estavam interessadas na vida dos artistas. Como não estavam tão próximos, eles eram celebridades para os leitores e havia uma curiosidade natural a ser saciada.

Quando você revela totalmente os segredos de seu produto ou sua loja, deixa de gerar aquela fundamental curiosidade, a vontade de querer mais. É como se o seu público dissesse:

– Ah, eu já sei o que tem naquela loja...

É preciso que exista sempre em nosso cliente uma vontade implícita e inconsciente de comprar, como se você pudesse dizer:

– Na próxima semana, lançaremos uma campanha, mas é surpresa. Somente na segunda-feira os clientes saberão de que se trata. Esteja lá e se prepare!

E aqueles dias foram de enorme prazer. Eu estava cercado de mimos e guloseimas, ora preparadas pela *vó Clotilde*, ora pela Maria, como o inesquecível biscoito de polvilho e o famoso pão aquecido no forno com manteiga da antiga marca *Viaducto*.

Entre biscoitos, pães e muito carinho, comecei a aprender os segredos do rádio e da televisão, sempre na companhia do tio Joaquim, com quem passava o dia inteiro. Você se recorda que dividi contigo, no início deste capítulo, a emblemática frase que acompanha minha vida?

Comunicação não é o que você diz, mas o que as pessoas entendem.

Já adulto, sem exceção, cada vitória que eu conquistava após dias, meses ou anos de esforços, culminava em uma visita ao tio Joaquim. Eu contava cada detalhe da conquista e ele ficava feliz com o compartilhamento da vitória. Disparava sua estrondosa gargalhada durante as partes engraçadas da narrativa e escutava, atento, as dificuldades que eu enfrentara pelo caminho.

Ao vencer em algo, esta é uma das ações pós-vitória de maior importância em busca de grandes resultados.

Quando compartilhamos as vitórias com as pessoas que detêm nosso amor, elas fazem o papel de refletir nossa felicidade, como um espelho próspero. Você precisa contemplar esta imagem refletida para confirmar, íntima e inconscientemente: sim, eu sou vitorioso(a)!

Ao narrar sua prosperidade para um estranho, é quase impossível enxergar nele o reflexo da felicidade que o núcleo de seu coração está experimentando. Mas, quando compartilha com quem ama, a energia que volta é tão forte que você reafirma: eu consegui!

A voz: origem e primeiras oportunidades

Enquanto escrevo meu legado, acumulo mais de três décadas de locução e mais de 85 mil comerciais gravados para a *Casas Bahia*, além de outros contratantes para quem já tive o prazer de trabalhar.

O talento que reúne comunicação e capacidade vocal sempre chamou a atenção das pessoas que passaram por minha vida e esta curiosidade não é algo recente. Já na adolescência, entre 16 e 17 anos, as pessoas começavam a comentar sobre a qualidade de minha voz e a pergunta sempre foi bastante recorrente:

– Bob, você tem esta voz desde que nasceu?

A resposta é não. Do contrário, seria uma aberração na maternidade (*tente não rir ao imaginar-se escutando um choro de bebê com voz "cavernosa"*).

A voz surgiu, gradativamente, até mesmo por questões genéticas. Meu pai e também o avô eram dotados de voz *cavernosa*. Inclusive meu sobrinho, Thiago Barbosa, profissional da rádio CBN, também encontrou êxito no universo da locução.

Antes mesmo de completar o 18º aniversário, eu já falava com desenvoltura e o desejo de trabalhar com a voz foi se tornando cada vez mais forte. Escutava elogios sobre a qualidade vocal o tempo inteiro. Mas, eu morava com meus pais e a regra de casa ditava que trabalhos pouco convencionais eram previamente inaceitáveis.

Quando cogitei a possibilidade de propaganda e locução, um previsível e sonoro **NÃO** foi a resposta que recebi, mas não os culpo. Eles queriam o melhor para mim e de acordo com sua maneira de encarar o mundo, estavam fazendo o que consideravam melhor para meu futuro.

Eu não desistiria. A austeridade e irredutibilidade, características presentes entre tantos educadores, não seriam suficientes para a resiliência que eu armazenava.

Persegui o sonho porque minha fome e sede pelo sucesso eram insaciáveis.

CAPÍTULO II

Rádio Cidade

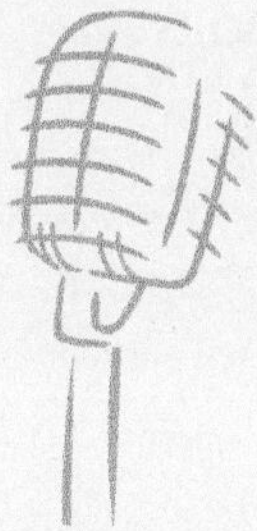

Eu não mato um leão por dia. Cuido bem dele, para que possa lutar por mim.

Aos 19 anos, estava cursando artes plásticas na FAAP. Enquanto ouvia FM, descobri que a Rádio Cidade estava contratando profissionais por meio de teste aberto. Nesta época, por um salário baixíssimo, eu trabalhava como desenhista *freelancer* em um escritório de arquitetura.

O anúncio da rádio dizia:

Você tem boa voz? Gosta de música? Gostaria de fazer parte da turma da Rádio Cidade? Venha fazer um teste!

Quando ouvi o anúncio, pensei:

Ninguém disse que eu não conseguiria. Eu quero!

Era ouvinte desde que a programação tivera início, em janeiro daquele ano e estes fatos aconteceram três meses depois, em abril.

Confesso que não fazia a menor ideia sobre onde ficava o estúdio e acabei indo parar na rádio Capital. Pedi informações e ninguém sabia dar o endereço certo. Para minha sorte, como estava ouvindo a rádio, o locutor acabou fazendo sua chamada.

284-6774 – peça a sua música!

Comprei uma ficha telefônica, parei no primeiro orelhão e disquei. Não é novidade que telefone de qualquer rádio é constantemente ocupado. Para minha grata surpresa, escutei o tom de chamada na primeira tentativa.

Quem atendeu foi a secretária Dulce, que respondeu prontamente:

– Av. Paulista, 1.294, 15º andar.

Segui para lá, estacionei na Av. Pamplona e acessei o estúdio da Rádio Cidade. Era a primeira vez que eu entrava neste ambiente.

Reflita comigo: consegui telefonar na primeira tentativa com apenas uma ficha. Quando cheguei ao estúdio, o relógio batia 17h (final de expediente). Era o último dia do processo seletivo e a minha fome pelo sucesso era grande.

Deram-me três folhas com perguntas que começaram sobre os *Beatles*, na sequência pediam 10 sucessos entre as décadas de 60 e 80, exigindo o nome do artista, da música e assim por diante; uma bateria de perguntas, algumas dificílimas. Outro trecho perguntava:

Nesta frase, como você faria a construção de uma nota de rádio?

Respondi cada uma das perguntas e deixei o estúdio repetindo a máxima que já era quase um mantra.

Eu quero este trabalho. Ninguém disse que eu não consigo!

Dez dias depois, recebi um telefonema.

– Você foi aprovado no primeiro teste. Na segunda etapa, deve vir até o estúdio fazer um teste de voz. – disse o interlocutor.

No dia e hora marcados, lá estava eu, todo esperançoso, concorrendo com aproximadamente 40 candidatos também aprovados para o teste de voz. Era apenas uma vaga.

Depois das audições, houve ainda uma terceira etapa e finalmente saí vencedor na disputa. Não era exatamente um lugar de destaque na emissora. Havia o locutor principal. Este tinha uma pessoa que lhe cobria a folga. Eu seria seu segundo *backup*. Na impossibilidade do primeiro e do segundo atuarem, lá estaria eu, recém-contratado pela rádio a substituto do substituto.

Entrei na rádio em abril e minha estreia oficial foi em outubro. O locutor principal deixou a emissora. O primeiro substituto assumiu o trabalho e agora eu cobriria seu descanso semanal.

Meu trabalho era solicitado somente aos finais de semana, mas todos os dias eu estava na rádio. Mesmo sem receber salário por minha presença, estudava, treinava, participava e estabelecia relacionamentos. O locutor principal, remunerado para estar ali ao longo da semana, me ensinava todos os detalhes sobre o que deveria ser feito.

Em casa, confesso: eu mentia.

Dizia que estava na casa de um amigo ou inventava qualquer desculpa para estudar na rádio durante a semana ou trabalhar, madrugada adentro, aos sábados e domingos.

Foi uma trajetória movida por ***querer, querer e quere***r, sem jamais acreditar que não poderia ou deveria ser meu.

Um dia, finalmente disse para o meu pai que estava trabalhando na Rádio Cidade. Era tarde demais. Ele já sabia por meio de diversas pessoas das nossas relações que tinham escutado meu trabalho.

Pouco tempo depois da estreia, eu assumi como locutor principal.

Estou narrando detalhes sobre a evolução na carreira, mas devo dizer que algum tempo depois, passada a fase de esconder o sonho, encontrei a aprovação paterna. Ele finalmente entendeu que eu queria o trabalho e jamais abriria mão.

Assim fiz durante a construção da carreira. A perseverança diária me deixava com tamanha fome e sede de vencer que ninguém me demoveria, porque acreditava no próprio potencial acima de qualquer outro ser vivente.

Jamais desafiei ou passei por cima de alguém, mas buscar os sonhos em todas as áreas da vida sempre fez parte de minha essência e pensava: Eu quero! Eu posso! Eu consigo!

Como todo sonho tem seu preço, pela primeira vez em minha vida experimentei morar sozinho. Era um apertadíssimo apartamento na rua Heitor Penteado, mas já representava uma conquista com sabor de liberdade e responsabilidade.

Tinha um espaço alugado, dirigia um fusca ano 1968, estava no emprego que me deixava feliz e com oportunidade para aprender. Estava cursando faculdade e, além de tudo isso, continuava com muita fome e sede pelo sucesso.

O trabalho na Rádio Cidade, obtido após tanto esforço, fez parte de minha vida por uma década.

A disputa pelo primeiro lugar na audiência exigia excelência diária e talvez esta tenha sido a maior lição que este ambiente tem para ensinar.

Audiência se disputa todo dia. Não há lugar para profissionais que caminham com curva de gráfico oscilante, hoje excelente, amanhã mediano. Não poderia ser assim em todos os setores do mercado? No dia que todos os setores passarem a fazer avaliação diária e

não mensal da performance de funcionários, a rotatividade diminuirá, porque o ser humano produz mais quando tem desafio constante.

Criamos uma tendência sob a regência do coordenador Carlos Townsend. A narração, naqueles tempos, ainda seguia um padrão engessado, conectado com a formalidade. Um operador, um locutor, a programação e nada mais.

Nascia então um novo formato de transmissão. Quem ouviu rádio nos idos de 1980 certamente sentiu a diferença e a evolução deste segmento. Importamos o estilo descontraído da locução americana, que trabalhava com um *DJ locutor*, de papo muito envolvente e direto.

Combinávamos descontração com interação entre radialista e ouvintes. Fidelizávamos nossos clientes com promoções, participação do ouvinte ao vivo, pedágios e inúmeras outras ações. A prova de que este modelo funciona está aí para qualquer pessoa constatar. Nunca mais as emissoras retomaram a chata seriedade que praticavam até 1980.

Os fãs da rádio agora tinham no locutor uma figura que se posicionava como um deles, como amigo, que podia errar, acertar e até fazer piada com eventuais erros. Estava tudo mudando.

A estratégia garantia audiência e formava tendência. Dali em diante, o protocolo da formalidade estava quebrado e as pessoas tinham mais prazer ao ouvir rádio.

Foi uma época de desbravamento, diferente do que observamos após a chegada das redes sociais. Por exemplo:

Não é raro entrar em uma loja e encontrar cada vendedor com seu aparelho nas mãos, navegando no mar dos aplicativos e fisicamente muito distantes do que está acontecendo. O cliente chega, entra, olha a vitrine e, muitas vezes, sequer é atendido.

Muitos vendedores deixaram de olhar para o cliente. Deixaram de buscá-lo na porta da loja.

Estão ocupados demais, hipnotizados, em transe, com o dedo indicador colado no aparelho, horizontal e verticalmente, enquanto os clientes são perdidos. Lá adiante, ao término do mês, estes mesmos vendedores estão reclamando que as vendas estão ruins. Diferente dos idos de 1980, onde outros trabalhos surgiam em paralelo e como sempre digo:

Eu não troco nada, apenas agrego!

Passei a ser um profissional cada vez mais contratado porque acreditava fortemente em algo: a cada dia, acumulava novas competências para potencializar aquelas que eu já dominava.

Dez anos depois, em 1990, surgiu o diretor da rede Record, propondo gravar um show, que depois migrou para algumas chamadas e, em seguida, um telejornal.

Outra emissora de rádio também solicitava meus serviços e sempre com ética, sem jamais ferir interesses comerciais deste ou daquele grupo, eu ia agregando. Quando questionavam sobre tempo para tudo, minha resposta estava pronta.

Eu consigo. Entre 0h e 6h tenho compromisso apenas com o sono. Então dá para encaixar algo mais...

CAPÍTULO III

Shop Tour

No mínimo excelente. Pode ser?

Esta grande oportunidade surgiu. Era o primeiro programa de televendas que fazia um *tour* por lojas mostrando vantagens, preço e oportunidades. A novidade agradou. Estávamos sempre dedicados e atenciosos com a busca pelo sucesso de nosso cliente, o lojista.

Precisávamos apoiá-lo para fazer a venda de impacto. Tudo que ele tinha disponível deveria ser vendido. Anunciávamos na madrugada de sábado, ele abria a loja no domingo e já contava com as vendas para pagar faturas suas que venceriam na segunda-feira seguinte. Imagine o desafio... Mas, ninguém disse que não conseguiríamos!

O tamanho do desafio nos tornava seletivos na hora de fechar contrato com os lojistas. Entrávamos com uma ação agressiva de vendas e não poderíamos falhar. Para que tivéssemos êxito, lojistas deveriam se enquadrar no perfil de anúncio do Shop Tour:

Preço diferenciado - Entrega Imediata

Nossa garantia de recontratação do anúncio era justamente o volume de vendas que ele conseguia pós-veiculação. Satisfeito com a apresentação que eu fazia de seus produtos, no final de semana seguinte o lojista novamente nos chamava para inserir a propaganda.

Eis o tamanho da preocupação e responsabilidade: minha performance de apresentação poderia fazer a diferença entre aquele cliente faturar bem ou não. Deveríamos ser no mínimo excelentes.

Eu precisava estar lá no exato momento da gravação, impecavelmente arrumado, pronto, ciente dos detalhes capazes de despertar o interesse dos telespectadores e compradores em potencial.

Encontrou semelhança com a responsabilidade que o vendedor, interno ou externo, tem ao promover e representar sua empresa?

Novamente não é coincidência. A formação destes *cases* tem vivências perfeitamente aplicáveis aos outros mercados.

É fácil perder espaço no mercado por bobagem. Até mesmo a apresentação pessoal pode afastar clientes.

Mesmo com pouco tempo, eu precisava ***me virar***. Um minuto e cinquenta segundos separavam meu cliente do sucesso. Enfileirava seus produtos e começava o trabalho de divulgação. Agora, compartilharei o segredo para que este *case* tivesse a grandiosidade que foi comprovada.

Flexibilidade

Não era apenas a diferença entre produtos. Cada loja tinha um clima diferente. Era preciso senti-lo, fazer parte do processo de venda com nossos clientes. Ou seria apenas um anúncio frio e indiferente.

A loja vendia camisetas. Empilhávamos diversas delas como se estivéssemos fazendo demonstração para um cliente presencial.

A loja vendia móveis. Circulávamos entre eles como se estivéssemos em casa.

Precisava ser flexível em relação ao cliente e conhecer seu produto como se eu mesmo o tivesse fabricado. Em menos de dois minutos, minha locução deveria gerar credibilidade, excelência no anúncio e principalmente: despertar desejo de compra. Sem flexibilidade, o projeto teria fracassado.

Nos mercados diversos, a régua é idêntica:

Sem flexibilidade, vendedores não conseguem resultados incríveis.

Sem flexibilidade, líderes são incapazes de influenciar e inspirar pessoas.

Sem flexibilidade, grandes magazines fecham suas portas.

Sem flexibilidade, indústrias de sucesso desaparecem do mundo dos negócios.

A responsabilidade pelos resultados exigia que fôssemos criteriosos a ponto de recusar clientes.

Quando constatávamos que a loja prometeria algo no anúncio e não seria capaz de cumprir, a franqueza imperava e não foram apenas duas ou três vezes que me vi a pronunciar esta frase:

– Desculpe, mas não dá para gravar seu anúncio. O programa conta com patrocinadores e precisamos zelar pela imagem deles. Mude sua loja, monte uma estrutura capaz de receber o público que ficará interessado e, futuramente, poderemos gravar.

Alguns ainda tentavam "dar um nó", mas a seriedade do projeto não permitia lugar para aventureiros. O programa garantia ofertas e fornecedores diferenciados. Não bastava apenas ter dinheiro para anunciar. O lojista precisava também ser excelente.

Imagine se estes critérios de seleção, preservação de imagem e preocupação real com os consumidores fossem utilizados em larga escala no Brasil pelo comércio, indústria e serviços. Será que as coisas seriam diferentes?

Percebe por que é um *case migratório* para qualquer setor?

Quando olhamos para "o todo", ao invés do próprio umbigo, nos preocupamos com cada setor ou pessoa envolvidos em nossas vendas, a chance de sucesso aumenta porque estamos enxergando de cima, onde as águias caçam e não de baixo, onde os detalhes se escondem.

Os produtos que oferecíamos aos consumidores eram apresentados com clareza e especificidade, qualidades que ganharam a confiança da audiência e a transformou em compradores dos nossos clientes, contratantes de anúncios.

O *case* Shop Tour me permite sugerir que siga esta ordem e se a cumprir, esteja pronto(a) para resultados acima da média.

1. Identifique a oportunidade;
2. Tenha agilidade;
3. Conheça o produto ou serviço minuciosamente;
4. Aprenda a demonstrar o produto ou serviço com excelência;
5. Venda com critério, preocupando-se verdadeiramente com os clientes;

6. Lance mão de clientes incapazes de enxergar valor em seu serviço;
7. Seja flexível;
8. Observe e se preocupe com seu mercado de forma global, sempre um passo adiante do concorrente;
9. Use informações claras e específicas;
10. Insira, ao seu estilo, impacto nas vendas.

Veja, por exemplo, o caso desta menininha escoteira. Mesmo com pouca idade, confira seu faro para oportunidades de mercado.

Na Califórnia, a venda de maconha medicinal é permitida. E o que acontece com o organismo de alguém que está sob o efeito da substância? Rapidamente sente uma fome insaciável, a chamada *larica*.

Ciente disso, a escoteira montou uma barraca de *cookies* na frente da loja de maconha.

Em uma hora, a pequena escoteira vendeu todos os *cookies*. Esta situação pode ser trágica ou engraçada e deixo para os leitores fazerem as próprias considerações, mas uma lição é inquestionável.

Há uma lacuna em todos os mercados e talvez você ainda não a tenha enxergado. Não espere que seu concorrente a vislumbre e execute. Saia na frente, porque se você não faz, alguém faz!

E assim, nesta época, revezava meus horários livres entre a Rádio Cidade e as visitas para gravação nas lojas parceiras do programa. Dois *cases* estavam se formando.

1) O formato dos atuais programas de rádio foi inspirado no trabalho pioneiro que realizamos na década de 80 e a Rádio Cidade criou o mercado do rádio interativo;
2) Com o Shop Tour, criamos o primeiro sistema de anúncios realizados diretamente do local onde o consumidor compraria, pois até ali propaganda se gravava em estúdio ou cenários paisagísticos. A televisão no Brasil ganhava um novo papel: contribuir mais ativamente com o circuito nacional de vendas.

Não parei mais!

Veio o programa Fala Brasil. Fui contratado pelo canal Eurochannel, pelo grupo Pão de Açúcar, rádio América, diversas empresas de São Paulo e outras regiões que juntas, narradas individualmente, dariam mais duas ou três obras. Cheguei ao impressionante número de ter cinco empregos simultaneamente, sem medo ou braço cansado, movido por uma certeza.

Por onde passei, fui apresentando pioneirismo e jovialidade ao exercício da transmissão.

A fase em que meus pares jornalistas abriam o noticiário com a antiquada fala ***"Boa noite, são 20h"*** chegava ao fim, para a felicidade dos brasileiros, que já não aguentavam tanta formalidade.

Escolhi quatro *cases* para dividir com os leitores porque entendo que podem ajudar na conquista dos seus sonhos. Se eu consegui, você também consegue!

Narrei a amizade e amor pelo tio Joaquim, que certamente aparecerá outras vezes nesta obra. Defendi a necessidade de compartilhar nossas vitórias e a indispensável característica de identificação com os clientes, além da eterna capacidade de surpreendê-los, que deve ser um exercício diário no atendimento e nas vendas de sua empresa.

Tudo isso somente pode ser obtido se você responder uma pergunta que fiz há algumas páginas e certamente ainda está repercutindo em seu inconsciente.

Qual é o tamanho da sua fome?

Qual é o tamanho de sua sede por excelência e sucesso?

CAPÍTULO IV

Fala Brasil

O simples e fácil não instiga.
Bote pilha nesta vida!

Ao enviar *e-mail* ou entregar um *folder* para seu cliente, no afã de fechar negócio, será que você tem divulgado o verdadeiro potencial da empresa ou está simplesmente lendo uma notícia há muito reproduzida e de resultados questionáveis?

Ou você consegue construir e contar uma persuasiva história sobre seu produto / serviço?

Você vai entender, por meio deste outro *case*, o sentido destas perguntas.

Era o ano de 1998. Desenvolvemos uma forma diferente de fazer telejornalismo, apresentando a notícia nos moldes que eu já tinha experimentado na Rádio Cidade, dez anos atrás.

Muito mais do que apenas noticiar, explicávamos o conteúdo da matéria para os telespectadores. O comportamento deste mercado ditava, mesmo de forma silenciosa, que jornalista de nenhuma emissora ousaria concordar, discordar, elogiar ou criticar determinada reportagem e se o fizesse, correria risco de perder o emprego.

Por cultura, noticiava-se e ponto final, sendo a neutralidade característica maior.

Assim como a escoteira que mencionei, estávamos de olho em uma lacuna. Já argumentei nesta obra que o buraco da criatividade existe em todos os mercados e o segmento de telejornais não seria a exceção desta regra invisível.

Começamos então a usar o modelo americano do programa *Good Morning America* como inspiração. Transmitido pela ABC diretamente da Times Square, era composto por uma mistura de jornalismo com *talk show*. Eu fiz parte da equipe que começou este formato no Brasil. *Conversávamos na bancada* sobre a notícia. Era desafiador...

Naqueles dias, até mesmo a maior de todas as emissoras brasileiras começava seus telejornais com o habitual protocolo:

> *Boa noite! 20h. O ministro da educação assinou um decreto que beneficia alunos carentes. A aprovação definitiva ainda requer assinatura...*

E assim por diante, a notícia era **apenas transmitida**. Um mero texto sem interpretação, envolvimento ou emoção, lido de maneira neutra e formal.

Ninguém **contava** a notícia. Parecia mais a transcrição de um jornal impresso.

Daí o diferencial do programa Fala Brasil. Fazia a audiência sentir que estava conversando com amigos. Os incontáveis *feedbacks* de fãs do programa afirmavam isso.

As pessoas curtiam tanto que até perdiam a hora de chegar ao trabalho, de tão entretidas que ficavam diante da televisão. Além deste diferencial, ainda somávamos outro. Abrimos mão do jargão jornalístico.

Falávamos a linguagem do telespectador. E aproveitando a deixa, pergunto: você fala a linguagem de seu consumidor ou ele deve suportar, mesmo sem admirar, o estilo de comunicação da sua empresa?

Tínhamos verdadeira preocupação com as necessidades de informação das donas de casa, executivos, jovens ou idosos.

Cada um destes grupos gigantescos de brasileiros queria assistir telejornais, mas antes do Fala Brasil, algumas pessoas não tinham paciência; achavam o formato chato e cansativo. Quando percebemos esta lacuna, a tarefa foi preenchê-la. Mas, não pense que era fácil. Sem *braço cansado*, eu lia todas as informações de diversos jornais sobre as mesmas notícias que seriam apresentadas no Fala Brasil. Ao sentar na bancada, estava pronto para discutir, já conhecia todos os detalhes.

Esta é outra analogia que quero oferecer para o seu negócio.

Tenha profundo conhecimento do produto ou serviço que você vende, mas não apenas do seu. Descubra tudo que o mercado oferece em similaridade, para cima e para baixo, ou seja, tanto produtos e serviços teoricamente superiores como inferiores ao seu.

Oferecemos um jornalismo empático e o resultado não poderia ser outro. O formato foi aclamado pela audiência.

Desenvolvemos um grande case nacional.

Adivinhe onde e para quem eu relataria as vitórias deste case?

Isso mesmo... Visitava Tio Joaquim e dividia tudo com ele.

CAPÍTULO V

Casas Bahia

O céu é o começo!

Ainda carrego uma grande lição obtida na conversa que tive durante 60 minutos com o Sr. Samuel Klein, fundador desta rede de lojas de departamento, que me explicou o famoso *slogan* "dedicação total a você".

O empresário narrou um pouco de sua trajetória e disse que este *slogan* traduzia sua estratégia.

Vender para pessoas que não tinham crédito na praça. Ele acreditava nestas pessoas.

Este *crédito no ser humano*, sim; pois existe o crédito avaliado e aprovado por instituições financeiras e o crédito desenvolvido por homens visionários.

A credibilidade que ele depositava em seus clientes gerava comprometimento, fidelidade e inadimplência praticamente zero.

Seus consumidores deixavam de pagar uma conta de luz e ficavam sujeitos ao corte no fornecimento, mas honravam o pagamento do carnê.

Como Samuel respeitava e ***se dedicava***, em reciprocidade, as pessoas eram pontuais.

A maioria dos bancos dizia não para as pessoas que recebiam salário mínimo.

A Casas Bahia dizia: sim, nosso lema é dedicação total a você!

A lembrança desta conversa me faz reforçar algo que já usei como recurso para que você tenha sucesso: assim como o Sr. Samuel Klein, tenha **interesse verdadeiro** pelo cliente. Esta frase não era só um *slogan*. Ele vivia e acreditava nele, em total conformidade.

Assim se constrói o sucesso. Você deve sair de seu lugarzinho confortável e posicionar-se no lugar do cliente. Quando trata as coisas de seu jeito, o ego assume o trabalho. Inclusive, é preciso corrigir uma frase que corre solta pelo ambiente das vendas.

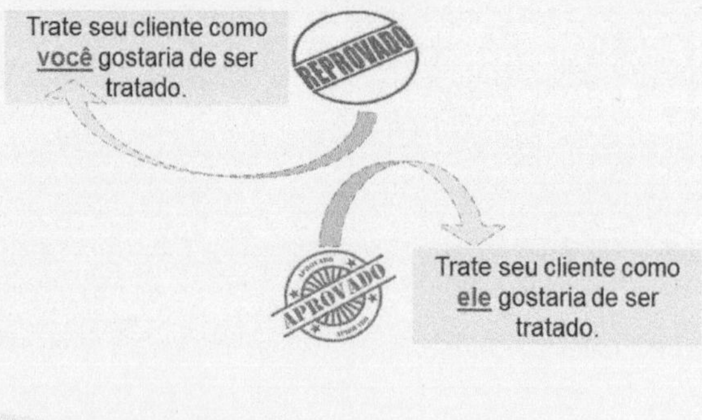

Voltando ao *case*, as pessoas que ainda não me conhecem pessoalmente registram tanto a voz que ao me ouvirem, já dizem logo:

– Eu te conheço de algum lugar.

Para entrar na brincadeira, sempre respondo com a mesma voz da locução dos comerciais.

– Casas Bahia. Só até sábado!

E pronto, as pessoas logo reconhecem. No ano de 2000 comecei a trabalhar para a respeitável rede de lojas Casas Bahia e, desde então, tornei-me a marca sonora da empresa.

Foi um grande acordo profissional. A empresa emprestou seu prestígio, me abrindo portas na carreira e eu lhe emprestei a voz, aumentando suas vendas.

A troca mútua, movida pelo ***interesse verdadeiro*** que tenho pelo crescimento da empresa que me contrata, já garante mais de 15 anos de contrato.

Montei um estúdio em casa e fico sempre disponível para a empresa, de segunda a sexta-feira, sem me importar com a hora que o texto chega para ser gravado. Foi enviado às 0h e pediram urgência? Eu gravo.

Talvez os leitores estejam imaginando que costumo gravar dois ou três textos diários. Enganam-se! Recebo diariamente de 20 a 25 e executo todos...

Com base neste case, reflita: aquele bom cliente que você tem e está sempre oscilando... Em determinado ano compra bem, mas no ano seguinte inteiro não compra nada. Será que tem havido ***interesse verdadeiro****, seu e de sua equipe, pela prosperidade comercial dele?*

O grande lance deste *case* é venda para o varejo. Mostra-se o produto, defende-se melhor preço, condição especial de pagamento e as chamadas para compra. A receita funciona muito bem, principalmente porque a empresa é referência de credibilidade e honestidade.

Outra lição importante que o mercado varejista nos deixa é a habilidade de antever mudanças. Samuel Klein dominou esta arte como poucos. Soube o momento certo de comprar quantidades volumosas de material, ficando com pouco ou nada em estoque.

É como uma copa do mundo. Todos os concorrentes revendedores comprarão televisores, mas onde, quando e quanto comprar é o segredo que qualquer empresário deve conhecer.

Dentre os trabalhos que faço para a Casas Bahia, é comum que assuma entonações diferentes para o mesmo comercial e de tão diferentes que ficam, parece até que a propaganda foi feita por mais de um locutor. Assim deve ser na sua empresa: dinamismo, criatividade, agitação, mudanças...

Mudar algo todo dia é um exercício de excelência e evita que seus clientes fiquem entediados. Se o seu negócio tem sido morno, o risco de encontrar um resultado morno nas vendas é grande. É como o casamento: se cair na rotina, não há quem possa salvá-lo, mas até para isso a máxima que uso na carreira serve: se você não faz, alguém faz!

Agora que você já deve ter parado de rir, chegou o momento de contar como nasceu este *case*.

Naquela ocasião, eles queriam colocar um novo oxigênio no tipo de locução e apresentação que usavam. Até ali, em suas campanhas, haviam contratado vários ícones do meio artístico, mas não tinham avançado para a profissionalização dos anúncios. Estavam na era dos impressos e seus conhecidos tabloides, mas a empresa ainda não tinha investimentos em larga escala para anúncios televisivos.

Após vencer a concorrência, uma nova agência estava assumindo os trabalhos de propaganda deste gigante varejista. Foi neste momento que fui convidado para um teste.

Fui o décimo terceiro (e último) candidato a fazer o teste para as propagandas da Casas Bahia. Recebi orientações que engessavam a locução profissional criativa.

– *É assim! Faça deste jeito! O cliente e a agência querem desta forma!*

Eu me lembro de ter respondido: *Tá bom!*

Porém, pensei: *com minha experiência de rádio e televisão, não posso fazer desta forma robótica.*

Olhei para a câmera e soltei a voz ao meu estilo.

Não fui insubordinado. Apenas escutei meu instinto profissional, desenvolvido por horas de locução em outros canais.

Resultado: fui aprovado!

Na hora de discutir o contrato, falávamos em aproximadamente três gravações de vídeo por mês. Como já afirmei, **eu não troco nada, mas agrego.**

Perguntei se já tinham profissional para as locuções. Após uma negociação, assinei contrato em formato de pacote, assumindo filmes e locuções.

E o que tornou este contrato um grande *case*?

Talvez o(a) leitor(a) esteja imaginando que o volume já acumulado, acima de 85.000 gravações eleja este trabalho como algo de extremo destaque e se você está pensando assim, eis uma correção:

O número de gravações e o fortalecimento desta parceria de sucesso representam apenas o resultado de um trabalho elaborado com excelência, mas assim como na Rádio Cidade, as gravações para a Casas Bahia formaram um *case* porque até ali, não existia a cultura de propagandas que criei.

Você sabe que tem um grande produto ou serviço nas mãos quando todos os concorrentes passam a modelar o que oferece. Afinal, por tendência, o ser humano somente segue trabalhos vitoriosos.

A ousadia de criar um novo formato e desafiar tudo que já existia como "modelo certo" serviu como garantia para que os publicitários e locutores das gerações futuras se comunicassem com o envolvimento que o público merece.

Estou compartilhando os *cases* que coleciono porque cada um traz aprendizado que pode ser traduzido e inserido em seu estilo de vida pessoal ou profissional.

Por que não usar a vitória de profissionais que já ralaram, sofreram, lutaram para conseguir êxito, desta forma abreviando caminhos?

Eu usei esta estratégia, trouxe o estilo americano de locução intimista e tive resultados que ecoaram na construção da carreira. Da mesma forma, agora é minha vez de entregar experiências à sociedade, para que no futuro você possa dizer: pesquisei o trabalho de Bob Floriano e ele não escondeu nada. Dividiu conosco dissabores e vitórias, tristezas e alegrias.

Tenho feito incontáveis palestras e o *feedback* que recebo nos dias que se seguem ao evento é muito positivo. Pessoas de segmentos diferentes afirmam que estão usando as informações compartilhadas e encontrando grandes resultados.

A experiência vivencial é norte de minha história. Embora tenha frequentado muitas cadeiras acadêmicas, não defendo apenas teorias pesquisadas, mas fatos que encarei.

Assim como um artista pinta um quadro ao vivo, em minhas palestras faço locuções ao vivo e estas demonstrações servem como inspiração para o público.

Se nós temos o domínio dos produtos ou serviços que vendemos, é preciso mostrar ao público. Argumentar no site que a empresa é melhor nisso ou produz bem aquilo gera algum resultado que

desperta a atenção leitora, mas o artista que pinta uma linda tela ao vivo, em poucos minutos, encanta sua plateia porque faz algo mágico: proporciona a lembrança da sensação de ver ou ouvir algo excelente sendo construído.

Procure a excelência

O jornalismo me permitiu fazer a leitura da comunicação que não está nas palavras, aquilo que as pessoas entendem sobre você. O despertar deste desejo de aperfeiçoar cada vez mais a comunicação com o ser humano me levou também para estudos e pesquisas em outras áreas, como PNL, constelação familiar, *coaching* e outras.

A soma do conhecimento acadêmico, da vivência em comunicação e das pesquisas em outras correntes de estudo sobre desenvolvimento humano despertou a vontade de ajudar outras pessoas, preenchendo um critério que buscava desde a infância, conscientemente ou não: excelência em tudo que fazia.

Não dá para ser mais ou menos. Pessoas mais ou menos não vencem. Pessoas mais ou menos se economizam. A busca sempre foi, ainda é e continuamente será a excelência!

No mercado publicitário, mesmo famoso, a experiência ensina: para ser lembrado e contratado, é necessário bater todo santo dia nas portas que guardam oportunidades.

Em diversos segmentos, temos no Brasil pessoas físicas e jurídicas que não conseguem espaço no mercado e entre estes, é comum a alegação de que os clientes fecham negócio sempre com um grupinho seleto de fornecedores.

Será que o motivo é tão simplista e o mercado tão protecionista?

Ou estas pessoas deixaram de ***fazer algo*** para serem lembradas?

Além da resiliência, persistência é uma qualidade que não pode faltar.

Três meses fora do ar podem deixar um profissional de voz totalmente esquecido. Se você acha que este é um problema específico do mercado que atuo, pergunte-se:

- ✓ O vendedor que fica três meses sem fechar sequer um pedido naquela empresa que antes costumava comprar, ainda será lembrado com o mesmo desejo de compra?
- ✓ A liderança que não atinge as metas estabelecidas pela diretoria há três meses ainda será lembrada com a mesma confiança que tinha quando atingia seus números?
- ✓ O empresário resolveu cortar despesas e embora tivesse um programa ativo de treinamento, desistiu. Há três meses não tem oferecido treinamentos técnicos ou comportamentais para sua equipe. Ele ainda

será lembrado como um patrão preocupado com os resultados individuais e coletivos da empresa?

Enquanto estes três meses estão se passando, tenha uma certeza:

Um novo concorrente desejoso de tomar partido no mundo dos negócios fará. Um antigo concorrente que não brilhava enquanto você era excelente fará, porque galo que não canta vai para a panela.

Ainda insistindo na analogia com outros mercados, reflitamos:

No segmento de locução, a rotatividade entre pessoas que contratam é tão grande como em qualquer outro segmento. Assim, profissionais que se envaidecem do fato de terem uma rede de contatos muito forte, ainda não perceberam algo.

As pessoas que hoje lhe contratam sem hesitação pelo nome que formou e o serviço

diferenciado que oferece, hoje ou amanhã desistem do ramo, se demitem ou são demitidas. Daí a necessidade de ser lembrado não apenas pela pessoa física que contrata, mas pela empresa ou projeto que esta pessoa representa.

Presentes na memória da empresa, os profissionais têm a chance de conquistar a preferência de compra ou contratação da pessoa que substituiu o antigo e suposto "contato forte".

Mas, se tais profissionais estiverem esquecidos pela **empresa**, quando o novo comprador ou contratante perguntar para algum vizinho de mesa do seu ex-contato:

– *Você sabe quem o Pedro costumava contratar para tal serviço?*

Talvez este novo contato escute:

– *Não faço a menor ideia!*

CAPÍTULO VI

Como vender de impacto seus produtos e serviços

Anime-se! O impacto que a venda exige não combina com braço cansado!

Após desbravar o novo modelo de transmissão, o próximo desafio era torná-lo ainda mais eficiente. No *case* da Rádio Cidade, por exemplo, os ouvintes queriam acessar a rádio, saber como funcionava a magia da transmissão. Atendíamos por telefone, carta e abríamos o estúdio para visitação. Cortesia era palavra de ordem para a equipe que atendia nossos clientes ouvintes, tanto por telefone como presencialmente.

Nossos profissionais eram ótimos.

– Você gostaria de pedir uma música? Qual é? Ok, anotado... Gostaria também de concorrer ao show da ban-

da Y? Fique ligado na programação, teremos dois sorteios ao longo do dia!

Quando éramos visitados, os ouvintes nos viam naquele aquário, cercados de aparatos tecnológicos, botões e cabos para todos os lados. Enquanto os recebíamos, nossos concorrentes não abriam para visitação.

Era um diferencial que reforçava o *case* de sucesso, baseado em uma receita simples de vendas, mas até ali não enxergada pelos profissionais de rádio.

Aproxime clientes do negócio, como se estivesse abrindo as portas de sua casa para um amigo. Este voto de confiança, carinho e respeito os manterão sempre próximos.

E assim seguíamos, com o cliente fidelizado, atendido com excelência e sempre disposto a comprar diariamente nossos serviços. Se você acaba de pensar em seu mercado, não é mera coincidência. O atendimento diferenciado, excelente e a fidelização de fato farão a diferença em qualquer nicho. Baseado neste modelo de atendimento, reflita e responda sinceramente.

De 0 a 10, quanto você se interessa verdadeiramente pelo cliente que entra em sua loja ou procura sua empresa?

Caso o número que tenha passado pelo seu cérebro seja qualquer um abaixo de 10, releia:

Reflita mais uma vez...

O que você fala tem pouca importância!

Antes que você decida fechar o livro, sentindo-se ofendido(a), deixe-me explicar.

Você se lembra da frase que norteia minha profissão?

Comunicação não é o que você diz, mas o que as pessoas entendem.

Quando temos a **chance** de dizer algo, já temos um desafio nas mãos. Imagine, então, quando **nenhuma palavra é dita** e apenas o olhar é capaz de vender ou de perder a venda. Muito mais difícil. Correto?

É uma escolha nossa.

Digamos que o cliente entre na loja disposto a comprar um caríssimo sapato de cromo alemão. Ainda imaginando, o perfil deste cliente é de uma pessoa séria, amadurecida, como aquelas pessoas em que batemos os olhos e já sabemos que é um avô dedicado, homem de poucas palavras e rápido no poder de decisão, mas a vendedora calcula a roupa dele: bermuda e camiseta regata.

Incompatível com a vitrine que ele está paquerando, segundo ela pensa. O breve instante que separa este cliente da compra ocorre em milionésimos de segundos. Ele olha para a vendedora e não sente nenhum efeito-surpresa que o convide a abrir a carteira e levar o calçado. Encostada na vitrine, escutando música, visivelmente entediada, ela troca um rápido olhar com este cliente, como se dissesse:

– Não me faça perder a vez[1] *, vá embora!*

Esta vendedora desconhece que o cliente consegue "captar" sua má vontade e o desejo dela é atendido.

O cliente vai embora. Ela se encosta novamente na vitrine do tédio. Poucos metros e minutos depois, este mesmo cliente está digitando a senha do cartão na loja concorrente.

O que faltou?

- **IMPACTO**
- **EXCELÊNCIA**
- **ATENDIMENTO DIFERENCIADO**
- **INTERESSE VERDADEIRO PELA NECESSIDADE DO CLIENTE**
- **MOTIVAÇÃO**

Se ninguém disse para a vendedora que ela não conseguiria, como o exemplo da menininha que men-

1 Em lojas, normalmente, há um rodízio entre vendedores. Eles têm uma chance para atender. Vendendo ou não, quando usam a oportunidade, voltam ao final da fila e ficam aguardando até que todos também tenham a ***vez***.

cionei no início da obra, por que ela não foi flexível e preferiu que seu instinto seletivo julgasse a venda como perdida antes sequer de tentar?

Outra pergunta: quantos vendedores você acha que temos no Brasil e assim como a nossa amiga exemplificada, não conseguem inserir estas qualidades em seu cotidiano?

Quem fala bem vende mais. Isso não significa ter voz masculina cavernosa ou a voz feminina da propaganda de motel. Nada disso...

Além do exercício de vender, cotar, atingir metas, quais são as coisas do bem que você inclui em sua argumentação?

Há duas categorias de profissionais: **a)** aqueles que ajudam a propagar o caos, espalhando pessimismo entre empresários, inventando ou aumentando crises e **b)** aqueles que espalham positivismo, motivadores, que ajudam clientes no enfrentamento das mesmas crises, porém com lucro, boas energias e determinação.

Em ambos os casos, é comunicação. Até mesmo ao fazê-lo intimamente, você pode ser um comunicador do bem. Pense.

Hoje pela manhã, você acordou, abriu os olhos e agradeceu por:

____

____

Se você não tem nada para colocar nesta linha, entendo que não agradeceu por nada e talvez, a partir de amanhã, você possa fazê-lo. Pense no exato momento em que acordou. Havia diversas pessoas ao seu redor, algumas orando e outras chorando copiosamente?

Com certeza não... Isso significa que você está vivo (a).

Além disso, você provavelmente acordou em sua cama e não em um leito de hospital. Eis um motivo para você agradecer a partir de amanhã.

Acorde, perceba-se vivo(a) e agradeça, no mínimo, por isso. Afinal, **é um grande presente**.

Experimento a vida desta forma: diariamente agradeço por tudo!

Comece a **<u>cuidar de você</u>** e fique em pé, pois assim será possível ajudar quem estiver caído.

É a única circunstância, acredito, na qual minha frase *"se você não faz, alguém faz"* não terá utilidade alguma, porque quando o assunto é cuidar de si, outra reflexão está pronta.

Ninguém o fará tão bem quanto você!

CAPÍTULO VII

A comunicação e os nossos jovens

Você forma opinião? Então zele pelo futuro dos jovens e mude o futuro do país!

Conversando com um cliente de determinado shopping paulistano, percebi a dificuldade que se tornou natural e generalizada: a mão de obra das novas gerações é incompatível com a cultura dos horários de consumo que a sociedade adquiriu ao longo de décadas.

Para manter um *shopping center* funcionando em saudável operação comercial, é preciso reunir um pequeno exército de pessoas. São vendedores, balconistas, caixas, assistentes, supervisores, gerentes, seguranças e a lista, se eu continuasse, encheria esta obra.

Ocorre que estes centros de compras funcionam de domingo a domingo e cada vez está mais difícil encontrar jovens dispostos a trabalhar durante os finais de semana. A era da informação instantânea, combinada com a pressa que nossos jovens têm para a ascensão na carreira, acabam afastando-os da labuta que o horário comercial exige. Em poucos meses, querem ser promovidos e como não conseguem, surge a preocupação que merece atenção dos educadores.

Quando esta força que no futuro comandará nosso país decide abandonar a lida comercial e migrar para a indústria, não há problema, é apenas uma escolha. Quando os pais concordam e até estimulam os filhos a abandonarem o trabalho para ficar em casa, simplesmente porque não querem o filhinho se sacrificando aos finais de semana, então temos um problema a resolver.

Este cliente do *shopping* relatou que é muito comum, na entrevista de desligamento, escutar dos jovens que adoram o emprego, mas como o trabalho requer esforços em dias pouco convencionais, preferem sair; sem perspectivas de um novo trabalho, apenas para correr da labuta.

Enquanto concluem suas formações, nós, pais e educadores, temos no mínimo, quatro decisões possíveis.

1) Apoiá-los ao abandono do "trabalho cansativo" e permitir que seu tempo ocioso se divida entre internet, *games* e o mais preocupante: bares

ao redor das faculdades e traficantes de droga sempre dispostos a encontrar um novo cliente;

2) Apoiar a visão resumida e imediatista que desenvolveram, segundo a qual o próximo metro quadrado e o minuto seguinte devem oferecer algo ou, simplesmente, se torna um tédio;
3) Endossar e patrocinar 100% das despesas deles, formando jovens despreocupados financeiramente e descomprometidos profissionalmente;
4) Usar a comunicação como recurso para despertar nos filhos o desejo de construir uma carreira promissora.

A comunicação como recurso para nossos jovens

Imediatamente, devemos ensinar nossos jovens para que não cedam aos encantos da comunicação fácil, rápida, abreviada e econômica, características da rede social. É fundamental entender que uma rica conversa demanda atenção e tempo.

A altíssima velocidade de raciocínio dos jovens gera desinteresse sobre estes cuidados com a comunicação. Eles encontram dificuldade para conversar com a namorada, com os professores, os chefes na "firma" e até em casa, com os pais. Como a vida é uma eterna venda e as pessoas estão sempre analisando se devem ou não comprar nosso *pacote de comunicação*, esta impaciência para a conversa tem impedido nossos jovens de se venderem como realmente merecem, sobretudo nas entrevistas de emprego.

É como sempre digo: quem fala bem, vende mais! – inclusive quando a **venda da própria imagem** está em andamento.

Eis um exemplo clássico. Certa vez, fui convidado a julgar um trabalho de conclusão de curso, o conhecido TCC, em uma respeitável faculdade. Quando vi a apresentação, pensei:

Não é possível que vocês estejam pagando para cursar em uma das maiores faculdades do país e entreguem isso!

Os garotos usaram uma trilha velha em seu *spot comercial*, com mais de 15 anos. A pesquisa frágil e tendenciosa que realizaram contemplou apenas 1% do público da faculdade. A *voz padrão* utilizada no trabalho estava longe de reunir a seriedade e a credibilidade que requer para assim ser chamada.

Em suma, o trabalho apresentado por estes jovens que tinham o benefício de estudar naquela grande instituição perdia, em qualidade, até mesmo para o trabalho de qualquer rádio comunitária. Não planejaram o lançamento. Alegaram que **pretendiam** fazer biscoitinhos chineses personalizados com recados, mas **não deu tempo**. Quando indaguei por que o tempo tinha sido insuficiente e quando eles emitiram o pedido dos tais biscoitinhos, escutei a pérola:

– Ontem!

– Mas, quando vocês ficaram sabendo que seria o lançamento da rádio?

Escutei outra pérola.

– No semestre passado.

Critiquei. Informei como se deveria fazer. Não aliviei. E ainda me lembro de ter dito:

– Se vocês querem elogio, liguem para a avó!

Talvez os leitores estejam pensando que a galera detestou ouvir as críticas. Ao contrário, ficaram muito gratos. Critiquei o trabalho deles com base na experiência de muitos anos e ao invés de ser paternalmente generoso, fui rigorosamente justo. Eles entenderam o recado e certamente se tornarão grandes profissionais da área.

Os jovens desta geração aceitam e lidam bem com a crítica, desde que lhes mostremos motivos justos. Não aceitam nada compulsório, mas negociam muito bem.

Trabalhar e estudar nunca fez mal para ninguém, mas parece que os últimos tempos estão presenciando uma geração que se comunica pobremente e tem pouca experiência profissional. Chegam ao primeiro emprego com mais de 20 anos, ingênuos e vulneráveis.

Sempre há tempo para mudanças e em casa, no recôndito da intimidade educacional, está a chance de formarmos jovens excelentes em comunicação e apaixonados por trabalho.

Como chegamos ao *habitat* da inspiração e da origem comunicadora, uma reflexão faz-se fundamental: onde começou o seu conjunto comunicador?

O resgate da comunicação

Algumas crenças foram inevitavelmente instaladas nas primeiras idades e lá adiante, serão determinantes para uma comunicação pouco assertiva. Em casa, isso pode ter acontecido com você. Quando queria participar da conversa dos adultos, talvez tenha escutado:

– Isso não é para o seu bico!

Em algumas famílias, outras frases também são comuns.

– Cale a boca, menino, isso é conversa de adulto!

– Eu já te falei que quando os adultos estão conversando, criança deve ficar quietinha!

Se aconteceu com você, ao ler este trecho da obra, apenas o mero contato com a antiga lembrança impeditiva é suficiente para que, agora em idade adulta, possa perdoar os pais e outros adultos da época. Eles não o faziam por mal, simplesmente educavam com as ferramentas que tinham.

Quando precisa dar o máximo de si no quesito persuasão, seja na comunicação pessoal ou profissional, você encontra alguma dificuldade?

Se a sua resposta é afirmativa, o primeiro passo é este perdão e a certeza de que você **pode sim**, bem como **merece**, comunicar-se com muita qualidade.

Nos primeiros anos escolares, a comunicação pode ser igualmente traumática. A criança está começando a desenvolver seu processo criativo e como a curiosidade é ferramenta-chave de qualquer busca, educadores precisam entender e interpretar a individualidade, sem jamais tolher os pequenos, sob a pena de torná-los eternos tímidos.

Atire a primeira pedra quem jamais escutou, na escola, frases inadvertidamente disparadas.

Quando questionava o motivo de algo.

– *Você tá aqui pra aprender ou pra discutir?*

Ao expressar-se sobre a bronca que o professor deu no amigo, por você considerada injusta.

– *Ninguém pediu sua opinião!*

Ou até mesmo sem dizer sequer uma palavra.

– *Vou explicar a matéria, mas o primeiro que fizer pergunta sem sentido vai perder dois pontos na prova!*

Ao questionar um renomado filósofo.

– *Mariazinha, estude mais e pergunte menos!*

É triste, mas real. Aconteceu e ainda acontece. Felizmente, podemos mudar...

CAPÍTULO VIII

O legado de um coach

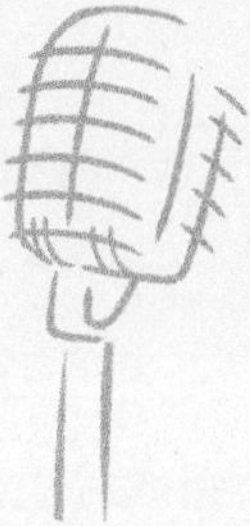

Não Mude.
Permita-se transformar!

Eu sei que a maioria já viu e ouviu sobre *coaching* e caso o tema seja novo para você, não se preocupe, já explicarei em detalhes. Reflita sobre a maneira como eu trabalho com o tema. Sou *coach* por formação e além da carreira como locutor e palestrante, também reservo algumas horas para fazer algo que adoro. Transformar vidas.

A própria pessoa assume a posição de decidir sobre as circunstâncias de sua vida, como abdicar de alguns viciosos costumes e crenças para começar algo que ela sabe que será melhor.

Preciso fazer ela se transformar e não simplesmente jogar fora por jogar, mas deixar algumas coisas que não oferecem significado algum para a vida, não a levam para frente. Metaforicamente, algumas tatuagens jamais poderão ser apagadas, mas se a pessoa decide apagar, que vá ao especialista capaz de fazê-lo com maestria.

Fechar uma dolorosa porta da vida não garante que ela jamais será reaberta.

O fantasma emocional do relacionamento anterior que assombrou o passado, como a depressão, por exemplo, depende da ineficácia de seu anfitrião para voltar ao presente.

Se pudermos transformar o pensamento, um novo propósito surgirá, não porque o marido, a esposa, o pai, a mãe, a crise ou o governo querem, mas porque **a pessoa que mudou seu pensamento quer.**

A genuinidade desta descoberta transformacional é a garantia de que portas indesejadas não se abrirão, de que sujeiras não ficaram sob o tapete e foram varridas em definitivo.

Quer melhorar sua vida? Vamos transformar a vida e você juntos, mas não de forma dissociada, afinal a vida é sua e não o contrário.

As pessoas sofrem porque a vida lhes conduz, mas você terá a oportunidade de gerenciá-la como um maestro, usando a batuta transformacional.

Não é um aconselhamento, mas um conjunto de indagações que a própria pessoa teria dificuldade para se fazer. A matéria nos torna perguntadores, promotores de solução.

As respostas aliviam, trazem conforto, alegria e o mais importante: originam novas perguntas, formando um processo contínuo de melhoria comportamental, espantando para longe os sentimentos negativos e a dificuldade de acreditar na capacidade de vencer.

Cada novo conjunto de perguntas gera respostas ainda mais solucionadoras, com o poder de ecoar nas faixas consciente e inconsciente da pessoa. Aí sim aquela tatuagem indesejada será totalmente refeita e os fantasmas, agora tão impotentes, serão motivo de chacota.

Todo mundo acha que a escada tem uma simbologia fantástica. Inclusive, a ferramenta tornou-se um emblema da ascensão profissional. Mas, pense, amigo(a) leitor(a):

Já viu alguma escada capaz de levá-lo para trás?

Provavelmente, sua resposta é negativa.

Tenho certeza que você já viu uma escada que o leva **para baixo ou** para cima. Já viu alguma que o leva **para frente**?

Há um frenesi, um anseio gerado pela sociedade que faz a maioria sair em busca de crescimento vertical, querendo **subir** na vida a qualquer custo. Ao mesmo tempo, como a associação de subir com o dinheiro é quase inevitável, as pessoas vão logo pensando:

Preciso ganhar dinheiro!

A que custo este dinheiro, ganhado com esforço e foco apenas vertical, tem sido ganho?

Procure construir a escada simbólica da vida pessoal e profissional com ascensão **vertical** e **frontal**. É pra cima e pra frente que se anda!

Algumas pessoas funcionam melhor quando dizemos o que está acontecendo "na lata", sem rodeios. Outras precisam de uma chacoalhada, o chamado "pé no peito" e um terceiro grupo consegue promover mudanças em suas vidas a partir de histórias e metáforas contadas. Um quarto grupo de pessoas precisa ser lembrado sobre como repetem padrões que elas próprias desaprovam, no piloto automático.

Após tantas perguntas e respostas, surge ou ressurge o progresso na vida da pessoa, mas há um comportamento que observo como muito comum: à medida em que a pessoa vai comemorando seus resultados grandiosos, aos poucos vai esquecendo de olhar para trás, comparando como está e como estava quando seus resultados eram insignificantes, para dizer com propriedade e orgulho:

– *Eu progredi!*

Quando percebo que a evolução gerou uma dose de arrogância, convido a pessoa a voltar, em memória, ao passado e não raro, ouço um palavrão.

– Car...o, como eu mudei, que maravilha!

Voltar e comparar proporciona à pessoa que não ceda aos encantos do conforto encontrado. Quando estamos muito bem, vamos nos sentindo cada vez menos alertas e desenvolvemos a ideia de que o resultado alcançado será eterno.

É uma doce ilusão. Nenhum grande resultado permanece intenso sem manutenção.

Eu expliquei o processo *coaching* em detalhes e agora que você já conhece as vantagens, vou explicar tecnicamente, em notas de rodapé.

Quando nós, *coaches*[2], percebemos que a pessoa conseguiu encontrar grandes resultados por determinada ferramenta, o próximo passo é permitir o aumento do raio de ação desta ferramenta para que resultados ainda mais sólidos e duradouros possam aparecer.

Uma das pessoas que eu atendo, por exemplo, consegue resultados tão favoráveis, que acaba replicando a vivência como *coachee*[3] em sua empresa.

Coaching[4] não faz milagre, mas ajuda a pessoa a encontrar o milagre das respostas armazenadas em algum lugar profundo do inconsciente. Atendi uma pessoa, por exemplo, que fazia terapia convencional há cinco anos e após duas sessões, encontrou as respostas que precisava. É claro, não estou advogando nesta obra contra o tradicionalismo, mas vale mencionar. Não raro, há casos que se arrastavam nos consultórios da vida por uma década e a pessoa encontra solução breve porque passou pelo processo de *coaching* que desde Sócrates funciona: perguntas capazes de transformar.

Segundo meu entendimento, há uma diferença filosófica-funcional entre mudar e transformar.

Mudança – Eu errei, pisei na bola e daqui em diante vou partir para novas ações.

---

2 ***Coaches*** – plural de ***coach***.

3 ***Coachee*** – pessoa que passa pelo processo de ***coaching***.

4 ***Coaching*** – processo de desenvolvimento conduzido pelo ***coach***, basicamente por meio de perguntas estratégicas.

Talvez, seja uma grande mentira e a pessoa não mudou coisa nenhuma, mas o fato de ter afirmado que mudou já vai gerar incômodo. Ela pode continuar errando, mas vai errar com sofrimento porque ***já imaginou*** *como seria se estivesse fazendo o que considera certo.*

Transformação – tudo aquilo que você passou a viver de bom vai pavimentar o seu futuro.

O pavimento cobriu completamente o passado, que pode ser redundante dizer, mas não é seu, ***pertence aos tempos idos.***

Deste ponto para frente, a transformação permite carregar as vitórias e enterrar as frustrações passadas, ao invés de ficar andando de mãos dadas com elas como bons e eternos namorados apaixonados.

Ou você conhece alguém que sempre fica feliz ao pensar naquele amor do passado que o abandonou? Creio que não...

A pessoa não fica remastigando dores para ficar feliz, mas para sentir-se triste, como se merecesse. É claro que não é proposital, ela apenas pensa e quando vai perceber, já ficou triste e quem sabe até deprimida.

Pensamento negativo não tem o poder de mudar nada físico ou material, talvez no máximo influa energeticamente, mas tem força para derrubar impiedosamente, se assim você permitir.

Lembrar-se da condição em que estava no passado para comparar com o sucesso futuro é uma boa estratégia, mas reprisá-lo em busca de sofrimento é uma crueldade sem tamanho. Tempo, saúde e energia dão as mãos e partem quando vivemos apenas dos tempos idos.

Deseja ter sucesso e felicidade no presente, retirando a credibilidade que o passado dolorido tinha em sua vida? Receita simples do *coaching* e da vida:

Mudar não basta.
É preciso viver uma transformação.

A mudança, por si, é como remédio, enquanto a transformação tem efeito preventivo.

Se a medicina preventiva já provou que o ser humano vive mais e com maior qualidade quando faz exames regulares, imagine como seria a sua vida com boas doses de prevenção para sofrimento, dores e frustrações inúteis de um passado que jamais voltará... Apenas imagine!

Outra característica limitante da mudança é a falta de inclusão. Algo mudou na intimidade de seu ser? Então foi apenas somado a quem você já era, mas não é novo.

Já a transformação impede que a roupagem antiga continue em uso. É preciso esvaziar o armário para que, verdadeiramente, uma transformação possa evidenciar-se.

Antes de procurar culpa por não ter mudado, promova o perdão por aquilo que conseguiu fazer, no passado, à época em que fez e com os recursos que tinha.

Deseja saber se você conseguiu uma transformação e não apenas uma mudança sobre determinado erro já cometido? Aí vai um teste. Basta que se pergunte:

Eu faria isso novamente?

Resposta 1) Sim, mas faria beeeem diferente!

Resposta 2) Não faria sob hipótese alguma!

A **resposta 1** é reflexo da mudança. Você vai fazer diferente, com boas chances de arrependimento e dor, porque o erro do passado, de alguma forma, ainda encontra eco em seu coração.

A **resposta 2** é reflexo da transformação. Significa que ganhou novos recursos e descartou o passado que incomodava. Seu futuro está pavimentado.

De posse da transformação, a pessoa acorda pensando.

O que vou fazer hoje para melhorar minha vida?

Assim que sai da cama, ela já está com sede de progresso. Com sede de sucesso. Com sede de realização.

Outra pergunta comum entre pessoas que encontraram transformações para a sua vida, despertadas pelo espírito de altruísmo típico de quem passa a ser mais feliz, é:

Quem eu vou ajudar hoje?

Este é o mágico momento no qual o ser humano deixa de olhar para o próprio umbigo. Como um milagre, ele passa a enxergar que faz parte do todo. É assim que grandes carreiras, empresas e civilizações se formam.

Cada pessoa transformada tem potencial para acelerar resultados, porque a transformação ocorre uma vez e pronto, já é possível prosperar. Quem está sempre procurando mudança parece girar ao redor de si com o vício contínuo. Ela muda todo ano, principalmente nas promessas feitas ao término de cada um, mas em essência, é a mesma pessoa com uma roupa nova que logo estará em farrapos, precisando outra vez de mudança. E mais uma vez. E mais uma vez...

Voltando ao próprio umbigo, a pessoa transformada nunca mais consegue olhar apenas para si, porque sente que está entrando no mi-mi-mi, ou, se você preferir, no processo de *coitadismo*.

Muito bem, tenho certeza que você entendeu o recado. Transformou-se? Abandonou um comportamento que você admite ser viciosamente nocivo para sua vida? Então sem mi-mi-mi. Continue buscando mais e melhores resultados transformacionais.

Não faça como J., que após anos sem nenhuma promoção, parou de ficar apenas reclamando da empresa. Correu atrás, trabalhou mais algumas horas por dia e teve êxito. Assim que veio o primeiro salário mais gordo, voltou ao comportamento anterior de preguiçoso. Isso não foi transformação. Foi mudança. Saca a diferença? Adivinhe o que aconteceu com J.:

Quem evolui não pode retroceder. Depois de um mês trabalhando com excelência e três meses seguintes movido à preguiça, J. foi demitido. Deixou a empresa, chegou em casa como uma criança chorona, queixou-se para a esposa e foi para o quarto chorar.

O ponto positivo do exemplo de J. é que ele acaba de ensinar, na prática, com a exatidão de um relógio suíço, o que é o danado do mi-mi-mi!

Durante os atendimentos que realizo como *coach*, com satisfação vejo pessoas que nas primeiras sessões reclamam; por exemplo, do fato de estarem chegando aos 50 e algumas sessões depois, comemoram a dádiva de estarem cinquentonas. Uma delas, por exemplo, estava perdida profissionalmente, sem saber ao certo como lidar com os filhos e sem vontade de tocar a vida. Hoje trabalha feliz, retomou a educação familiar, sua agenda é cheia e sem tempo para encaixar mais nada. Inclusive, tatuou a felicidade no próprio corpo, à sua maneira criativa – @praserfeliz – isto é, *sob domínio da felicidade.*

Estabelecer um norte parece ser a maneira como as pessoas encontram felicidade segundo a entendem. Quando há uma direção na vida especificada por você, todos os caminhos e eventos levam ao mesmo lugar, como se deixasse de procurar a felicidade e simplesmente entendesse que ela não deve ser procurada, mas vivenciada.

Na busca por prosperidade, as pessoas a confundem com riqueza. Quebrar paradigmas e reaprender o que é prosperidade deveria fazer parte de nossos exercícios diários, pois alguns valores necessitam reaprendizagem. Vamos conferir na prática... Complete a frase:

Para ser humilde é preciso ser...

...

...

...

...

Bingo! Se você instintivamente respondeu "pobre", está provado que nossos valores merecem revisão. Quando faço evento para 500 pessoas, aproximadamente 25% do público responde assim e o restante da massa, ainda que tenha respondido outra coisa, no mínimo pensou na palavra "pobre" ao ver a lacuna na frase.

E se trocássemos a palavra "rico" pela palavra "próspero"?

Sem dúvida, existe relação entre humildade e prosperidade, embora a cultura tenha sugerido que o melhor casamento ocorre entre humildade e pobreza, talvez como forma de promover o desapego.

Vejam o caso do grande homem de negócios que deixou o meio empresarial saudoso depois de sua morte: Antônio Ermírio de Moraes. Para encontrá-lo, bastava ir até a *Real e Benemérita Associação Beneficência Portuguesa* aos domingos e lá estava um dos empresários mais ricos do mundo, segundo a revista Forbes, trabalhando gratuitamente nestes dias.

Podemos dizer que Ermírio de Moraes não era humilde? As pessoas prósperas ajudam mais os semelhantes, justamente por sua condição de prosperidade.

Antes de vender os cinco, seis ou dez passos para a riqueza, como se vê por aí, precisamos vender passos para a prosperidade dissociada da riqueza em si. Quem tem prosperidade, de forma natural tem dinheiro, porque a prosperidade gera riqueza.

Quando expomos exemplos assim para pessoas que querem evoluir, cai a peça que mantinha antigos paradigmas de pé.

Se a pessoa aceita retirar uma peça prejudicial de sua vida, emocionalmente não pode deixar ali uma lacuna. Outra peça deve entrar no lugar e este é mais um segredo do processo de *coaching*.

Não adianta quebrar, eliminar crenças e deixar a pessoa "voando". O trajeto rumo à transformação requer uma nova peça de maior valor e relevância para se encaixar na vida da pessoa.

O universo emanará de volta as boas energias que você mereceu pela conduta como ser humano. Esteja certo(a) que ele pode mandar de volta dez vezes mais o que supõe merecer. Ainda assim, se não estiver pronto(a) para receber, o retorno universal passará por você de modo imperceptível.

Buscando apenas riqueza, costumamos ficar cegos para as oportunidades, mas parece que enxergamos muito bem o vizinho que está prosperando, porque vislumbrar o sucesso alheio é mais fácil. Classificar este vizinho como sortudo e enxergar-se como malogrado também é fácil.

Fazer as perguntas certas, sob a orientação de um *coach* que não deixará você entrar no processo de mi-mi-mi, pode ser um pouco mais difícil. Por outro lado, os novos resultados valerão cada gesto de esforço e coragem que foram necessários para se transformar.

Como *coach*, eu jamais pergunto "por que isso ou aquilo". A pergunta mais digna de resposta que se pode fazer aos *coachees* é "para que" desejam obter algo.

Eu sei que isso pode sugerir apenas tratar-se de uma questão semântica, porém ultrapassa até mesmo a fronteira filosófica que delimita as respostas da vida de um ser humano.

Usarei a contração (vide negrito) para dar mais ênfase à provocação.

Você se levanta cedinho durante todos os dias. **Pra** quê?

A pergunta é fechada como uma armadilha e a pessoa acaba percebendo que as respostas clichês são insuficientes para a evolução pessoal, profissional e financeira. Alguns exemplos:

Pra ganhar dinheiro!

Pra pagar as contas!

Pra cumprir minhas responsabilidades e manter a família!

Então a própria pessoa percebe. Com base em suas respostazinhas "sem vergonha", as colocações seguintes do *coach* a fazem pensar.

Todo mundo precisa ganhar dinheiro, pagar contas e manter a família. Se apenas isso é feito, sem inovação, sem fome e sede de encontrar prosperidade, sem o desejo diário de produzir feitos extraordinários, a vida passa a ser uma estratégia de sobrevivência desprovida das respostas dignas de um ser humano lutador. Então repito a pergunta. Você se levanta cedinho durante todos os dias. **Pra** quê?

Ela pode ter, entretanto, a resposta muito bem determinada dentro de si ou, como boa parte das pessoas que procuram meus serviços de *coach*, pode não ter a mínima ideia.

Ainda usando a contração "pra", pode ser sequencial:

Pra que ganhar dinheiro? – Pra pagar as contas!

Pra que pagar as contas? – Pra dar conforto aos meus filhos!

Assim, sequencialmente, nós *coaches* vamos ajudando, passo a passo, a perceber que quando as perguntas parecem não ter resposta, significa que a vida deixou de ter propósito. Como naquele filme *"Click"*, o controle remoto deixou a pessoa no piloto automático, status em que poderá permanecer durante a vida inteira, caso não tenha atitude para mudar sozinha ou não procure um profissional que possa ajudar.

Haverá um momento prazeroso no qual a pessoa responderá, cedo ou tarde:

- ***Eu acordo cedo pra ser feliz!***

Aí sim, metas e objetivos serão traçados para garantir que os *coachees* encontrem e mantenham sua felicidade.

Não é este o princípio da vida e a busca infindável do ser humano? Pois bem, não precisa ser infindável. Basta encontrar critérios que estruturam, formam e fazem a sua vida feliz.

Talvez você esteja pensando:

Falando assim é fácil. Quero ver na prática, sem o tal mi-mi-mi que o próprio autor mencionou páginas atrás.

Admire-se: não apenas é fácil e prazeroso planejar a própria felicidade, como é igualmente fácil chegar até ela por um caminho indolor.

As pessoas somente sofrem ao buscar felicidade porque não têm a menor ideia do ponto de partida e tampouco do ponto de chegada. O coaching gera a disciplina necessária e indolor para encontrar este caminho, como um GPS emocional a se instalar em você, desde que assim permita.

Assim que o propósito de vida e a felicidade começam a se manifestar, aos poucos, a pessoa vai deixando de lado algumas atitudes e comportamentos sem sentido para sua vida, mas habituais por muitos anos. Para despertar a percepção da inutilidade de alguns vícios comportamentais, faz sentido para você ouvir as perguntas profundas, bem elaboradas e capazes de proporcionar as respostas certas?

Este é o processo de *coaching* e bem feito, pode aliviar o peso que uma alma doente carrega.

É impossível saber a resposta certa para as questões da vida, mas é perfeitamente possível identificar as perguntas perfeitas.

CAPÍTULO IX

Você e a felicidade

Você deseja ser feliz? Encontre atalhos para a distância!

Agora que você tem uma nova percepção sobre as perguntas que um profissional qualificado pode ajudar a compor para encontrar respostas satisfatórias em sua vida, quero saber algo de você exatamente agora. Interrompa a leitura por alguns instantes e responda. Há regras para o exercício:

1) Use caneta para escrever e não lápis. Afinal, não se apaga a felicidade.
2) A primeira opção deve conter o objetivo central de sua felicidade.

3) A segunda deve combinar com a primeira em total harmonia. Digamos que na primeira linha você escreveu que para ser feliz é preciso sorrir diariamente. Não escreva nas demais linhas, por exemplo, que para ser feliz é preciso sofrer muito pelo caminho. Ou seja, relacione o tempo previsto, as circunstâncias, atitudes e comportamentos necessários para que seja feliz.

4) Enumere possíveis fatores impeditivos, para que saiba como contornar ou encarar.

Para ser feliz é preciso: ______________________________

____

____

Circunstâncias: ______________________________

____

____

____

____

____

____

____

____

____

Fatores impeditivos: ______________________________

____

____

____

____

____

Esta definição fará você abandonar fatores limitantes e afastar quem não deseja o seu sucesso.

- **Procrastinação** – se você sempre adiava os projetos, nada havia para ser buscado;
- **Pessoas negativas que não vibram na mesma frequência feliz** – não haverá como você manter-se próximo(a) de quem flerta com a tristeza, porque as energias são antagônicas;
- **Tédio e desânimo** – somente se desanima ou entedia quem não tem propósito de vida, mas se o seu é ser feliz, não terá estas características como companheiras;
- **Comportamentos viciosos** – digamos que você tenha o hábito de jogar vídeo game quatro horas por dia e para ser feliz ao seu estilo seja preciso estudar muito. Então, de forma natural, o vício comportamental que atua como fator impeditivo terá que partir.

Assim como o piloto de uma aeronave tem plano de voo para chegar com segurança e sem desconforto na cabine, agora você tem o próprio caminho contendo o que é preciso para ser feliz e os empecilhos que deverá encarar com coragem.

A distância entre você e a felicidade é o seu querer.

Quanto mais você quiser e perceber que é um querer profundo, mais rapidamente encontrará a tão sonhada felicidade, com a gratificação de tê-la conforme **você** entende o que é ser feliz.

Enxergando, ouvindo e sentindo a vida bem vivida

Tratar as pessoas com remédio é um recurso funcional quando a doença já avançou para o corpo e a alma. Tratar as pessoas com palavras é uma terapia preventiva espetacular, com poder até mesmo para evitar que o remédio seja necessário.

O ser humano é capaz de transformar a visão que tem sobre os próprios eventos que vivenciou, transformando adversidades em belíssimo pavimento para o futuro. Uma amiga que superou o câncer, depois de vencê-lo, me disse com todas as letras:

- Hoje, Bob, eu olho para trás e percebo que aquilo não foi nada, mas na época, o golpe muito duro para mim!

Minha amiga não venceu a doença apenas no aspecto físico. Este padrão de linguagem que ela usa no presente "não foi nada" é uma maneira de a sua mente eliminar a doença também na emoção e vou explicar porque estou dizendo isso.

Algumas pessoas superam os infortúnios da vida, mas não se despedem deles.

Certo dia, eu caminhava por um shopping e como todo ser humano, às vezes também fico remoendo e engolindo os sapos daqueles dias em que as coisas caminham mal. Enquanto pensava sobre isso e aquilo, passou por mim uma senhora com seu filho excepcional.

Pude até escutar o tilim-tim-tim das fichas a cair.

Se a minha amiga foi capaz de vencer um câncer, se esta senhora é capaz de cuidar do seu filho, eu ficaria reclamando por conta das migalhas que caíram no lugar errado de minha vida? Isso seria mi-mi-mi, algo que não admito. Descobri que não tinha nenhum motivo para me aborrecer e constatei: ***sou feliz pra caramba!***

Muito tempo depois, uma outra pessoa chegou se queixando para mim.

- *Eu só me f... A vida me dá cada rasteira!*

Cheguei bem perto e murmurei em seu ouvido:

- Vamos passear na APAE[5] amanhã?

A reclamação cessou imediatamente.

Existe uma espécie de chave que regula nosso fator de consciência e às vezes precisamos dela para abrir as portas inconscientes que nos mantêm presos ao piloto automático da reclamação cultural. Repare bem: eu disse **reclamação cultural.** Significa que em nosso DNA parece haver um bom número de células dispostas a gerar queixas e mais queixas, enquanto nos distanciamos cada vez mais das soluções, muitas vezes óbvias e distantes apenas a um palmo do próprio nariz.

5 A APAE, Associação de Pais e Amigos dos Excepcionais se esforça para prevenir e tratar a deficiência, além de proporcionar qualidade de vida e desenvolvimento para a pessoa amparada pela instituição.

Eu jamais paro de pesquisar. Faz parte da excelência em comunicação, das palestras, do *coaching* e dos trabalhos como locutor: se você não faz, alguém faz.

Em qualquer ramo, se você não pesquisar, o concorrente se tornará mais atualizado.

Você acha que isso acontece apenas no meu mercado de atuação? Ledo engano. Sempre haverá alguém se informando, evoluindo e crescendo mais que você.

Tenho uma boa dica: não lute contra isso!

Ao contrário, comemore o fato de que seus concorrentes também estão buscando evolução. A movimentação deles pode ser o bastante para que **você** se movimente. Vou explicar com mais detalhes no próximo capítulo...

CAPÍTULO X

O grau de consciência da humanidade

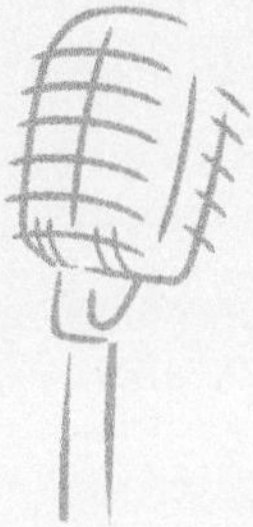

Se a conversa não tem um quando, o compromisso é um nunca!

Dentre as várias linhas de estudo que venho buscando, pesquisei a espiral dinâmica sobre o nível de consciência das civilizações, dividida por cores. Vejam como o tema é interessante:

Toda sociedade tem aquilo que a sociedade vizinha tem, mas em progresso maior ou menor. A troca de serviços, produtos e culturas vai gerando inclusão e progresso para as civilizações menos evoluídas.

Por sua vez, as civilizações mais desenvolvidas, quando inspiram e transformam outras para que alcancem semelhante nível de consciência, descarregam informação e somam conhecimento. Ao fazê-lo, também elas vão subindo cada vez mais, em espiral dinâmica.

Temos, no mundo, níveis diversos sobre a evolução da consciência. O mais baixo é representado pela cor bege. Um exemplo de sociedade bege é a que vivenciou o tempo das cavernas, onde os recursos eram tão parcos que somente sobrava consciência para comer, proteger a prole e sobreviver. O máximo da energia direcionada ao nível de consciência era a confecção das ferramentas de pedra para corte e caça. Passados 2,5 milhões de anos desde a idade da pedra, eu lhe provoco a refletir através do viés antropológico x filosófico.

Você acha que a cor bege ainda pode ser encontrada em nossa sociedade?

____

____

____

____

A resposta, seja qual for, está correta à sua maneira. Afinal, é uma questão de ponto de vista, sinestesia e audição (afirmo assim porque ponto de vista já não basta, é preciso também sentir e ouvir para opinar com propriedade). Retomando o tema, talvez sua resposta tenha sido **não**. Talvez você tenha alegado que por mais paupérrima ou ignorante que seja a sociedade, relativo grau de consciência já existe. O exemplo que eu quero oferecer pode ser mais simples do que você talvez tenha pensado.

O bebê. Nascemos com tanta consciência quanto tinham as pessoas que viveram na idade da pedra: apenas o instinto de comer, beber e dejetar. Isto posto, é justo afirmar que nascemos no grau bege de consciência, o menor de todos.

Não ficamos muito tempo nesta faixa de cor. Ao redor de nossa existência, pais e adultos próximos começam a formar bases para que a dinâmica da educação nos apresente uma vida mais consciente e, por conseguinte, mais distanciada da total inconsciência.

Neste momento, você entenderá onde pretendo chegar com esta reflexão, dividindo o conhecimento que adquiri nas pesquisas.

Quanto tempo você acha que levará para um bebê nascido em rico berço paulistano deixar a faixa bege? E quanto tempo você acha que um outro bebê nascido no Zimbabwe, oficialmente declarada a nação mais pobre do planeta, tardará para que deixe a faixa bege, se é que haverá tempo hábil para isso, antes que morra?

No exemplo, estamos falando de uma nação rica em ouro e cobre, mas pobre em termos de abandono da faixa bege.

Um exemplo prático da evolução social é que encontramos no mais alto nível uma população diminuta, que vai aumentando graças à evolução dos que estavam em níveis de consciência ascendentes.

Vou transmitir um resumo desta faixa evolutiva, para que você possa calcular a faixa que está vivendo e para qual delas deseja ir. De cima para baixo, portanto do maior para o menor, as civilizações se comportam de acordo com os seguintes graus de consciência espiralada:

Turquesa – vivem com organização, propósito, objetivos definidos e consciência político-social muito além dos próprios interesses. Defendem o tradicionalismo como ferramenta para manter a prosperidade. Procure, à época em que estiver lendo esta obra, a nação com menor índice de corrupção do planeta e você terá um grande exemplo.

Amarelo – são flexíveis e sempre dispostos a enxergar a situação e as circunstâncias sob diversas óticas que possam contemplar e preencher os critérios de toda sociedade. As nações que criam organizações e recursos para evitar a fome mundial vivenciam esta faixa, por exemplo.

Verde – têm extrema consciência ecológica e valorizam o futuro como nenhuma outra faixa, mas experimentam relativa dificuldade de aceitar opiniões divergentes das suas. O *Greenpeace* é uma organização mundial que se encaixa muito bem nesta cor da espiral.

Laranja – exercitam o jogo da vida com uma visão mais materialista, inclusive sem muita preocupação ambiental. São competitivos e costumam pagar qualquer preço pelo progresso. Tenho certeza que a sua imaginação encontrará diversos exemplos de nações com tal perfil.

Azul – São tradicionalistas e pouco simpáticos à inovação. Preferem viver conforme suas leis, sem mudar muito e respeitando a hierarquia do tempo, ou seja, os desígnios de seus povos antecessores. Algumas regiões do oriente médio retratam bem esta espiral.

Vermelho – é uma massa gigante de pessoas ligadas ao alimento do próprio ego e com dificuldade para enxergar o todo, mas como grandes guerreiros compram qualquer briga para provar que estão certos e são melhores. Um exemplo clássico é o personagem da mitologia grega Aquiles, que teria aceitado até mesmo a morte, desde que seu nome fosse eternizado.

Roxo – Esta cor da espiral reúne grupos sociais resistentes a admirar e respeitar pessoas cuja fé seja diferente da sua. Vivem às margens do conhecimento porque entendem que a sua verdade é única. Constate as nações onde cidadãos tiram a vida de seus semelhantes em nome da divergência de fé e você terá identificado este baixíssimo grau de consciência.

Bege – Como no exemplo do bebê, o *rodapé* da espiral representa total ignorância social, tecnológica e comportamental. Apenas sobrevive dormindo e acordando, comendo e respirando sem ambições, desejos e sonhos.

Aos poucos, as sociedades vão praticando o efeito-rampa e subindo na espiral, de acordo com a permissão individual de seus cidadãos, afinal uma sociedade nada mais é que a união de pessoas conscientes do potencial, sonhos e vicissitudes evolutivas.

Quanto mais as pessoas se permitirem a virtude de olhar o todo ao invés do próprio umbigo, maior será a ascensão da sociedade em que vivem. O trabalho de quem está no topo da consciência é resgatar quem está ao rodapé da espiral e anseia níveis superiores, mesmo que não o saiba, como é o caso da faixa bege.

Até mesmo nos vizinhos é possível imaginar a faixa de consciência em que se encontram e o meu objetivo, ao dividir esta matéria com vocês, jamais foi lhe municiar para que julgue ou aponte dedos definidores de quem está melhor ou pior, mas que **enxergue o todo, começando por você.**

Da mesma maneira, também não estou insinuando que há pessoas perfeitas, apenas pessoas mais e menos conscientes. Neste critério, a educação acadêmica não prevalece, mas sim a inteligência emocional. Por exemplo: não é incomum encontrar médicos ou engenheiros renomados com três doutorados e experiência internacional, abrindo o vidro de seu automóvel importado e jogando por ali um maço de cigarros vazio ou uma lata de refrigerante.

O que rege nosso nível de consciência não é apenas aquilo que foi aprendido na escola e sim a preocupação que temos com tudo e todos ao redor.

Quem fala bem, vende mais. Quem deseja interessar-se verdadeiramente pelo cliente deve sempre elevar o próprio grau de consciência. Agindo assim, você evoluirá e fará seus clientes evoluírem pelo efeito-inspiração.

Liberte, a partir de suas próprias atitudes, pessoas prisioneiras de crenças antigas que as mantinham nas faixas de menor consciência. Quanto mais o fizer, maior será o seu sucesso.

Vou compartilhar uma pergunta que sempre faço em minhas palestras.

Qual é o nível de excelência que você busca?

Comunicação é a arte consciente de levar conhecimento para quem precisa e vender é a arte de levar produtos e serviços para pessoas que talvez nem saibam que precisam. O maior

erro do ser humano é supor que comunicação é "saber falar" e vender é "ser bom de papo".

Quem muito procura sem saber exatamente **o que**, acaba atraindo e se aproximando de pessoas igualmente confusas, movidas por devaneios.

O suposto conhecimento indicado pelo amigo é, na verdade, fútil e não lhe traz instrução alguma? **Descarte!**

O seu tempo é ou deveria ser precioso demais para ser gasto com aquilo que não leva pra frente e pra cima.

As pessoas de determinado grupo não lhe agregam ou inspiram? Abandone-o!

A relação do conhecimento não pode ser vampiresca. Se você apenas ensina e nada aprende, procure outro grupo onde a troca e a entrega obedeçam a lei da reciprocidade.

CAPÍTULO XI

O momento do ouvinte

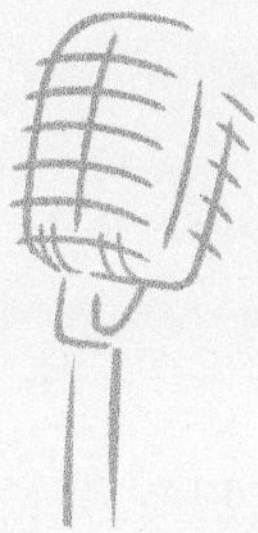

O ser humano que escuta com o coração tem maior chance de ser feliz!

O objetivo principal desta obra é ensinar que falar bem é uma garantia de sucesso, mas de que adianta transmitir todas as técnicas profissionais sem dividir a arte de se comunicar diante do amor?

Quem não se comunica bem em casa, no amor e na intimidade, dificilmente terá êxito profissional. Por isso, vamos mudar este cenário já!

Há uma disputa nos relacionamentos, principalmente conjugais, para saber qual dos dois tem razão sobre determinado ponto. Admitam ou não, a sensação da disputa sempre estará ali, no ar, quase tangível.

Se você resolveu encarar a vida conjugal, ***estar em conjunto*** com alguém, sua decisão não pode ser tão insignificante a ponto de jamais escapar das quedas de braço.

O ganho é temporário, mas em seguida, assim que bater aquele vazio característico de quem venceu uma disputa inútil, uma cicatriz na relação marcará quão tolos fomos.

E como ambos podem ter sucesso sobre o mesmo ponto?

As pessoas não querem compartilhar a razão. Querem ser donas dela. A velha relação entre ter e ser também exerce papel de influência nos relacionamentos.

Filosoficamente, **compartilhar** a razão permite que várias facetas da assertividade possam se juntar, mas **ter** a razão proporciona verdade única e indiscutível. Confira um grande paradoxo...

Quando as pessoas se casam, o amor está no ar e o financeiro não tem poder suficiente para comprometer as boas relações.

Cada um faz questão de assumir mais contas. O diálogo costuma acontecer mais ou menos assim:

- *Faço questão, amor, o condomínio, a empregada e as contas das crianças são minhas!*

O marido, comovido diz:

- *Ah, então fechado, mas as outras contas são minhas!*

Anos depois, a falta de comunicação mandou a relação para o brejo e assim que se separam, a disputa sobre quem vai assumir tantas despesas acontece ao contrário. O advogado dele diz:

- *Meretíssimo, meu cliente não pode ser penalizado, assumindo tamanho valor!*

A advogada dela devolve.

- *Meretíssimo, durante o casamento, minha cliente sempre foi obrigada a manter contas além de suas possibilidades!*

Ou seja, por obrigação judicial agora precisarão **compartilhar a razão**. É como se a vida lhes desafiasse e dissesse:

- Vocês não queriam ter razão? Então, bem-vindos à briga resultante deste desejo impossível!

Em casos extremos, ainda há alegações disfarçadas e normalmente machistas, do tipo "eu posso mais", "eu sustento tudo isso", "você não sabe o que eu faço"; tudo para provar que **tem** razão.

O que deveria ser uma união se transforma em competição e o casal fica cego. Não importa quem vai sentir a dor da disputa, porque o desejo de **ter** razão é decisivo.

Sabe por que estou mencionando tamanha disputa?

Porque a comunicação, matéria-prima de minha carreira, pode ajudar **e muito** o relacionamento entre casais. Afinal, a comunicação do rádio tem uma grande lição a ensinar para toda a sociedade.

Nós sabemos e valorizamos ao máximo a importância que é ser ouvinte.

A dificuldade maior dos relacionamentos é ouvir, com entrega total, o que a pessoa amada tem para dizer, mas nosso ego funciona como um abafador de ruídos.

Dedicar e criar um momento diário que signifique "agora eu vou ouvir". Se houver receita para uma relação feliz e duradoura, se resume com esta frase que deve ser mantra.

Como ouvintes de rádio, absorvemos o conteúdo e respondemos intimamente, porque nosso cérebro entendeu a lógica. Ainda que queiramos gritar com o locutor, não seremos ouvidos, então de nada adiantaria. O rádio tem poder de emitir. Você escuta, concorda ou discorda e segue a vida.

Por telefone ou ao vivo, você escuta e fala o que, quando e como quer.

Seria tragicômico se não houvesse um fator preponderante. Respondemos conforme reagimos, ***in loco***; munidos das emoções. Em outras palavras, despejamos nossas emoções de medo, raiva, alegria e tristeza na pessoa mais importante de nossa vida.

Quando perceber que assim foi feito, o jeito é pedir desculpas, caso a humildade lhe permita entender que você quis **ter** razão, mesmo que isso tenha significado atropelar emocionalmente o seu amor.

No rádio, ainda que você ame a emissora e o locutor, mas discorde do que foi dito, basta procurar outro conteúdo. Já no casamento, noivado ou namoro, o caminho é "mudar de estação" ou "escutar com o coração"?

Como autor, não posso e nem devo avaliar isso por você. Desejo que encontre uma resposta particular. O desafio maior e espero tê-lo alcançado, é fazer com que **pense** sobre algo que não costuma refletir todos os dias.

A modernidade tornou as despedidas muito mais fáceis. Basta deletar e se divorciar. Mas se você se dispuser, por amor, a compartilhar razão, talvez se surpreenda sobre as infinitas possibilidades que tinha antes de tomar uma decisão irreversível.

Deseja descobrir quem tem razão? Silencie o seu volume!

Sabe aquela tecla do controle remoto que você usa quando o cansaço auditivo está evidente? Faça o mesmo, aperte a tecla ***mute*** na própria comunicação. Um momento mágico e único fará você pensar em todas as escolhas que já fez na vida.

Parabenize-se quando conseguir. Você se tornou, **de verdade**, uma pessoa **ouvinte**; algo cada vez mais raro. O Dr. Reynaldo Leite tem uma expressão que determina bem isso: "ter ouvidos de ouvir".

Ninguém merece *um pouquinho* ou *mais ou menos* quando o tema é o importante **momento do ouvinte**. É justo que ambos tenham a oportunidade de falar e ouvir. Vamos refletir:

Quem fala no rádio não tem o presente de se comunicar, mas a responsabilidade de encantar. E quem fala em casa, que responsabilidade tem?

A relação entre ouvinte e comunicador é muito simples. A capacidade de ouvir verdadeiramente representa um privilégio. Quem ouve se dá o presente de ouvir porque encontra, à sua maneira, **valor** naquilo que o comunicador entrega, afinal falar não é despejar. Já nos relacionamentos, quem ouve acha que está fazendo um favor para quem se comunica.

Percebe o discreto erro comportamental?

Medidas discutíveis são utilizadas por quem ama. Pergunte para os amigos sobre como funciona a comunicação em seus relacionamentos e você verá respostas comuns.

- *Ele não me escuta!*

- *Ela não me ouve!*

Jamais escutarão...

Nas relações, quem reclama que não é ouvido sofre três grandes dificuldades e somente a experiência apresentará soluções definitivas.

1) ***Comunicar-se com habilidade persuasiva*** **–** quem não consegue convencer o subordinado no trabalho ou a pessoa que ama, está usando argumentos falsos, incongruentes ou até mesmo verdadeiros, mas comunicados com egoísmo, pensando apenas nos próprios valores e necessidades;

2) ***Perceber esta limitação*** **–** às vezes, décadas se passam até que as dores da comunicação ineficiente se façam sentir ou, em alguns raros casos, até que a pessoa se permita **ouvir** o conselho

de alguém mais experiente, tal qual a proposta deste capítulo, **no momento** certo;

3) ***Presentear-se com o momento do ouvinte*** – falar por falar, apenas despejando alegações nas quais somente você acredita, lhe impede de ouvir as pessoas e, assim, a relação *ouvir – confiar – retribuir* fica injusta.

Com a experiência de quem tem a comunicação como norte de vida, faço um pedido.

Desperte interesse nas pessoas, para que elas queiram ouvi-lo.

Se a comunicação é indigna de se admirar e desejar, não é justo culpar quem não tem prazer em escutá-la.

Entregue somente aquilo que realmente cabe em sua audiência. Talvez você me diga:

- *Bob, não sou profissional de rádio ou televisão, muito menos coach ou palestrante. Você faz tudo isso, mas eu não tenho "audiência" em minha vida!*

Eu responderei como se estivéssemos conversando.

- *E o que me diz da pessoa que você ama, das inúmeras pessoas com quem necessariamente deve se relacionar no trabalho, dos amigos, vizinhos e até dos estranhos que surgem em sua vida, desejosos de comprar o que você vende?*

Ainda pode dizer que a sua vida não tem uma audiência e não precisa ser especialista em comunicação?

Lembre-se: se você não faz, alguém faz!

Fazer rádio não é apenas aprender a tocar música, saber mixar, inserir vinheta, dizer ***bom dia*** e informar hora certa. É uma cultura. Você usa todas as ferramentas e técnicas de comunicação para ter um som agradável.

Da mesma forma, vender não é apenas tirar um pedido. É uma cultura que requer ferramentas e princípios de comunicação. Sacou?

Ainda mais profundamente, eu sempre me fazia uma pergunta que trouxe sucesso e prosperidade.

Por que você faz isso?

Qual é o propósito de tudo isso?

Hoje, enquanto escrevo estas linhas, sinto a resposta chegando com força pessoal, profissional, empresarial e independente de religião, espiritual.

Porque eu posso dividir a excelência em comunicação e estou correndo o prazeroso risco de mudar a sua vida com uma palavra, frase ou reflexão.

Isso significa que eu tenho dois grandes motivos para compor estas páginas, o que me desperta o desejo de fazer uma promessa.

Você chegou até aqui e não economizei conteúdo, mas ainda não estou totalmente satisfeito. Vá até o fim e dividirei segredos que me farão, como autor, ter a certeza de que não estou **despejando conteúdo**.

Estou entregando os segredos que mudaram minha vida, com a expectativa de que a sua também possa dar uma grande guinada. Além do valor que você talvez tenha pago neste exemplar, tenho outra "cobrança" a fazer...

Lá adiante, se descobrir que esta obra o ajudou a evoluir e prosperar, faça contato e me pague um jantar.

É brincadeira, mas não abrirei mão de cobrar outra ação sua.

Não cometa a injustiça de transformar sua vida e manter o aprendizado que teve nestas páginas somente para si. Pense nas peneiras do filósofo Sócrates. Numa versão moderna, considere três "se":

1) Se você puder indicar para os amigos, faça. Todos têm o direito de encontrar ferramentas para a excelência em comunicação;

2) Se você não quiser que ele invista dinheiro em conhecimento, compre um exemplar e presenteie;

3) Se você não pode presentear ou indicar, apenas empreste este exemplar. Achou que eu estava fazendo apenas propaganda?

Quando o propósito é digno, quanto se vende passa a ser um detalhe pouco importante.

E vamos adiante, porque ainda temos muito material para estudar, pesquisar e dividir.

CAPÍTULO XII

Cuidado com o que você resgata da criança interior

É possível ser responsável sem abandonar a criança que vive em nós!

Quanto mais viva estiver a criança que já fomos um dia, melhores serão os nossos resultados.

Criança feliz só reclama ao sentir dor. Adulto infeliz reclama de tudo.

Criança pede, se esforça para ter o que deseja e se não tem, chora. Tem muito adulto que chora antes de pedir ou se esforçar.

Não é assim quando as pessoas desejam pedir aumento de salário? Reclamam que poderiam ganhar mais, embora indispostas a demandar esforço.

Resgatar o amor que as crianças sentem com tanta facilidade pode ser ótimo, sobretudo para as pessoas que têm dificuldade de amar. Tome cuidado, porém, com algo muito sério. Resgatar as limitações e as crenças que foram impostas por adultos pode ser prejudicial demais. Talvez alguém tenha dito que você não podia, não conseguia e se isso aconteceu, que fique no passado.

O amor é bem-vindo, mas o máximo que a crença limitante merece de nós é um baita cadeado inviolável. A criança é bem-vinda. O negativismo que foi imputado, nem um pouco.

Thiago Barbosa, meu sobrinho, também foi agraciado com excelente qualidade vocal e atua fortemente no mercado. Tomo a liberdade de mencioná-lo para demonstrar a admiração que tenho por comunicadores carismáticos e atentos ao conteúdo que entregam. No dia das crianças que antecedeu a produção desta obra, por exemplo, perguntaram para Thiago, que estava sendo entrevistado ao lado de Mario Sergio Cortella, qual seria o melhor presente para uma criança e a sua resposta, imediata, sem hesitação, foi simples.

- *Amor!*

Quando teve a oportunidade, Cortella ainda chamou a atenção ao afirmar:

- *Quem diria; uma pessoa de voz tão poderosa e ao mesmo tempo, tão terna...*

Como eu estava ouvindo ao vivo, enviei um e-mail que dizia:

- Obrigado por seu amor incondicional!

Thiago quase chorou no ar. Foi maravilhoso. Sente como a visão deste meu sobrinho radialista ainda é dotada da sensibilidade de enxergar a maior necessidade da infância?

Agora, calcule como pode ser perigoso o que narrarei a seguir. Quem sabe alguém da empresa, de suas relações próximas ou até mesmo você possa se identificar. O contato com esta explicação pode ser o bastante para promover o desejo de mudar.

Quando somos crianças e não concordamos com algo, podemos até dizer sim para o que é pedido, mas procuramos fazer exatamente o contrário, por birra, instinto de sobrevivência, mera escolha ou porque não queremos ser daquela maneira.

A partir destes motivos, ainda que de maneira inconsciente, há quem entre em processo de infantilização e deixe de viver, vender, render e criar mais.

Alguém da família pergunta:

- Você não vai deixar aquele casamento que o faz infeliz?

Infantilizada e querendo logo acabar com a conversa, a pessoa responde:

- Vou sim, estou planejando o melhor momento!

No fundo, ela não vai largar nada, simplesmente porque não deseja ser ou fazer o que a outra está, aos seus olhos, mandando.

A pessoa segue um caminho que não deseja, mas se satisfaz porque afrontou quem lhe pedia o contrário.

Acontece nas empresas. Acontece em casa. Acontece com os amigos. O efeito colateral desta escolha é a generalização. Em processo infantilizado, esta pessoa será contrária a tudo que acha a maioria das pessoas próximas. Especializa-se em argumentos contrários, cria cenários, trava embates longos e tudo isso com um propósito: ao fim da discussão, dizer com orgulho, de si para si, o que dizíamos quando crianças.

- *Ganhe-ei!*

Você acha que isso é apenas teoria de obra? Então reflita:

O vendedor que é contra mudanças.

O líder que não aceita ser questionado.

A pessoa que se recusa a ensinar o que sabe para o semelhante.

A chefe que prefere burocratizar quando pode simplificar.

A recepcionista que prefere a sisudez, ao invés de um sincero sorriso.

Fica no ar, para aqueles com este perfil, a sensação de que precisam bater de frente e encontrar infinitos argumentos. Não precisam e tampouco concordam, mas não resistem e se baseiam em um pretexto que na maioria das vezes é inconsciente.

- *Preciso lutar contra isso. Na vida inteira me desafiaram e me recuso a levar desaforo pra casa!*

Atire a primeira pedra quem nunca viu ou ouviu alguém se expressar desta forma.

E onde está escrito que a pessoa habilitada a desafiar é a mais certa ou mais errada do mundo?

Vale ponderar, ter o cuidado de não tomar decisões apenas com base na provocação, ou seremos adultos em idade cronológica e crianças com destino solto, sem controle da própria vida.

É como a crítica. Se a pessoa decide opinar sobre minha locução, é desejável que tenha o mínimo de embasamento técnico. Ou será palpite.

Em geral, concorrentes não oferecem opinião. Fazem crítica tentando derrubá-lo, técnica ou emocionalmente.

Ser aquilo que você não deseja só para contrariar a sugestão de alguém, é equivalente a caminhar com roupa na praia de nudismo. Você sabe que não esperam por isso e dificilmente permitirão, mas ainda assim vai tentar, pelo gosto de dizer, como as crianças o faziam:

- *Eu posso e fico, tá?*

Efeito-sombra

Pensar e agir sob domínio da criança birrenta do passado pode não ser de todo imperceptível. Basta refletir com atenção sobre os últimos sonhos que foram arquivados com o pretexto de "não era pra mim". Basta pensar naquele emprego ou no amor inexplicavelmente perdidos.

A energia emanada é como uma blindagem que afasta quem chega perto. As pessoas sentem a vibração da infantilidade nas decisões e se afastam, como usamos o *dial* automaticamente, quando o programa de rádio até agrada, mas não oferece o que procuramos.

É o efeito-sombra. Imagine o vendedor vindo na direção do cliente. Digamos que ele tenha 1,70m e a sua sombra venha logo atrás, bem maior; com 2,05m. O cliente verá a sombra antes de ver o vendedor.

Para diminuir esta sombra tão distante, primeiro deve-se viver um pouco dela. Entender como funciona nosso lado sombra, sem afetar o meio em que vivemos ou as pessoas com quem convivemos. Pode até ser de maneira lúdica, escrevendo ou se imaginando.

Ao compreender os motivos que deixavam nossa sombra energética tão grande e prejudicial para bons relacionamentos, o vendedor do exemplo crescerá e sua sombra diminuirá. A partir daí, os clientes o verão como ele é, com o melhor que tem a oferecer, porque a sombra representa tudo aquilo que não queremos ser e escondemos supondo que ninguém perceberá.

O equilíbrio volta e a vida segue com resultados surpreendentes quando este vendedor e sua sombra se nivelam em altura. Em algum momento, ele ainda precisará dela. Ele e nenhum de nós não vive sob os aplausos da perfeição iluminada e a sombra tem exatamente o papel de lidar com nossos temporários desvios de conduta ou de caminho.

Deseja vender mais, receber promoção, fortalecer a sua empresa ou encontrar seu grande amor? O primeiro passo é equilibrar o tamanho da sombra que carrega.

Quando você se depara com vendedores reclamando que só atende cliente "caroço", corretor que só recebe no plantão quem deseja informação gratuita sobre financiamento, mulheres dizendo que só atraem cafajestes e vice-versa, motoristas que arrumam confusão no trânsito diariamente; saiba: a sombra está em desiquilíbrio, muito mais alta que a própria pessoa e com poder magnético suficiente para atrair o indesejável.

CAPÍTULO XIII

A terceirização do seu futuro e o efeito-sombra

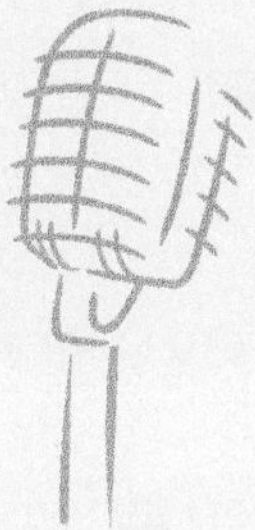

O que há no claro também existe no escuro!

Em tempos onde tudo se terceiriza, tem muita gente que entregou sua sorte ao destino e está esperando, como um investidor arrojado do mercado financeiro, um retorno positivo. O investidor está ciente do risco que corre. E estas pessoas, será que conhecem de verdade o risco de delegar os próprios resultados ao acaso?

É preciso ter consciência sobre o que, como, quando e *pra que* queremos algo em nossa vida.

A sorte ajuda quem se prepara de todas as formas e parece ser caprichosamente falha com quem fica apenas esperando um leque de milagres.

Quando não sabemos exatamente onde desejamos estar dentro de um, cinco, dez ou vinte anos, a vida nos leva em seu embalo frenético. Nunca dá tempo para fazer nada, conhecer novos lugares, aumentar a rede de relacionamento ou curtir a família.

Tempo e dinheiro se tornam escassos quando não existe um grande propósito.

Não é uma questão de futurologia, mas de desejo, que será preenchido com metas, ações, verificações de curso e determinação para que aconteça.

No Brasil, como a cultura preventiva é rara em praticamente todas as áreas, as pessoas menos conscientes das necessidades de uma vida saudável vão ao médico somente quando a coisa se tornou grave, ao dentista quando o dente quebra e da mesma maneira, não planejam a vida pessoal e profissional.

Mesmo em espaços de curtíssimo prazo, como 30 ou 60 dias, muitos não sabem como estarão.

Por que você acha que os vendedores sofrem dificuldade para cumprir as metas estabelecidas pela empresa? É a velha mania de brasileiro: deixam as três primeiras semanas correrem frouxas, com o mínimo de dedicação e partem na última, desesperados, pedindo ao céu que envie um cliente capaz de salvar seu mês. Assim fazemos em todas as áreas.

Cuidamos do corpo quando a obesidade se apresenta no espelho, da alma quando

tememos a morte e do cérebro quando a perda de memória parece mais presente.

O fato de não saber onde e como estaremos em tão curto espaço de tempo nos deixa em coma. Abrimos a janela e o tempo parece nada significar. Hoje, ontem e amanhã são partes de uma mesma rotina. A minha proposta, ***quem fala bem vende mais***, terá sentido se você falar bem para os seus interlocutores e também para si. É preciso escutar, estudar e planejar seus objetivos, sonhos e anseios, evitando o ócio de decisões sobre a própria vida.

Você sabe o que faz quem vive sem planejar curto e longo prazo na própria vida? Arranja uma vida para cuidar.

Repare que o ser humano tende a se incomodar com as escolhas supostamente equivocadas daqueles que ama, mesmo que a própria vida esteja uma bagunça e as consequências podem ser vistas em diversas áreas do relacionamento humano. Tudo isso por falha na comunicação e falta de planejamento.

Pais querem consertar a vida dos filhos a qualquer preço.

Filhos que nasceram inseridos no contexto de sociedade digital veem a vida dos pais como se estivessem no tempo das cavernas.

Irmãos mais velhos acham que o filho do meio está fazendo tudo errado, que por sua vez também procura ajudar nas escolhas do mais novo.

Maridos vivem criticando, jogando para baixo o potencial da esposa e vice-versa.

Líderes apontam o que há de mais negativo no comportamento dos liderados, mas esquecem de fortalecer as características positivas, desmotivando toda a equipe.

Em todas estas amostras, e haveria muitas ainda a citar, pergunte para a pessoa que embora bem intencionada, está empenhada em criticar ou mudar a vida de seu semelhante:

- Tá ok, mas e a sua vida? O que você pretende fazer nos próximos 30 dias para ter mais sucesso, ser mais feliz e celebrar resultados mais promissores em sua vida?

Provavelmente, você vai escutar a seguinte resposta:

- Ahn?

Diante desta reflexão, vou oferecer cinco lições de comunicação para uma vida plena e equilibrada.

1) Você acha que está tudo errado na vida da pessoa? Acerte a sua e inspire pelo exemplo, antes de impor a opinião como se ela fosse a cápsula do sucesso.

2) Com o cigarro na boca o tempo todo, como o pai pode exigir que o filho fique longe das drogas? Abandone o vício e dê o exemplo. A nova geração não escuta aquilo que dizemos, mas reage diante do que fazemos.

3) Espalhando roupa e prato sujo por todos os cantos da casa, como o marido pode exigir que a sua esposa seja mais organizada? A vida em sociedade doméstica requer divisão de tarefas e compreensão de comportamentos, mas tudo se resume à comunicação. Converse, não brigue. Argumente, não grite. Inspire, não limite.

4) Sentado em sua mesa com a porta fechada, comunicando-se apenas por e-mail, sem escutar seus gerentes, clientes, vendedores e fornecedores, como o dono da loja espera aumentar as vendas? Não bastasse o efeito-sombra, ainda vai usar uma porta como reforço? Arranque qualquer divisória que impeça a aproximação de quem luta por você.

5) Criticar seus pais porque são velhos demais para entender ***o que tá rolando*** é um direito seu. Réus confessos, os pais sabem que estão a quilômetros de distância digital dos filhos. Aprendam a arte da comunicação para terem uma vida harmônica ao lado deles. Em algum

momento, vocês precisarão de informações que a internet não oferece. A melhor ferramenta de busca ajuda a encontrar qualquer coisa simplesmente digitando o nome e pode ser completa, mas não viveu nada do que armazena e quando você precisar da ***experiência de vida real***, adivinhe quem vai estender a mão e oferecer ajuda...

Quem senta e observa a vida passar diante dos olhos, aumenta a medida do quadril e não evolui. Movimente-se. Comunique-se. Vença. Não se permita agir como se tudo já não tivesse jeito, porque é isso que a sua sombra deseja. Que você se anule e diminua, enquanto ela fica cada vez maior e dominante.

E, quando nivelar o tamanho de sua sombra com a própria altura, tenha a coragem de se fazer uma pergunta difícil, já que agora você conhece esta expressão.

- Ótimo, você já tem a vida de volta e a sombra se nivelou. Vai viver ou vai ficar de mi-mi-mi?

CAPÍTULO XIV

A lista de suas conquistas

Desabafar é tirar o manto da ignorância que nos abafa!

Olhar é com os olhos. Enxergar é com a razão e ver é com o coração. Você não vai ver o que eu sinto por você, pois é um sentimento. Então, pare de perguntar para as pessoas:

- *Você não percebe que está fazendo tudo errado?*

A resposta é sempre *não* porque a percepção dela é diferente da sua. Nem melhor, nem pior, *só diferente.*

Aprenda a se expressar da maneira como a pessoa percebe e assim você poderá perguntar:

- *Percebe, agora?*

A mulher é casada, por exemplo, com um funcionário público de talento nato para pintar quadros e, muitas vezes, ela repetirá a pergunta:

- Você não percebe que tem um dom e deve largar tudo para viver este sonho?

Não, ele não percebe. Sua razão diz que deve se manter no emprego. Vida de artista é difícil e ele tem família para sustentar. A pergunta que a esposa deve fazer é outra, respeitando a percepção responsável do marido.

- Eu sei que você tem medo de não dar certo. Por que não produz umas 20 telas e expõe, para vender, ganhar mais segurança e quem sabe, se for o caso, decidir mudar de vida?

A pergunta é a mesma, mas tornou-se motivacional, encorajadora e perdeu a conotação crítica que a anterior carregava.

Quem fala bem, vende mais. Vale para produtos, serviços e ideias. Ultrapasse a fronteira de dicas e críticas, comunique-se com o âmago da pessoa.

No profundo interior do coração humano, estão os sonhos despertados e não realizados, mas você só chega lá com a comunicação certa e congruência entre o que diz e vive. No exemplo citado, se a esposa nunca teve coragem de ousar e realizar um grande sonho, como ela espera que o marido abandone seu garantido emprego público?

Você se lembra da lição que o ***Dr. Reynaldo Leite*** ensina no capítulo XI? *Ter ouvidos de ouvir.*

Mais que cobrar uma mudança de vida do artista pintor, a esposa deve escutar, apoiar e inspirar. Desta forma, será uma grande comunicadora e cumprirá sua missão de falar bem com quem ama: *inspirar o marido ao movimento e à busca do sonho.*

E convenhamos, para realizar um sonho fácil ou difícil, pequeno ou grande, de curto ou longo prazo, acreditar ajuda muito. Sempre acreditei, tive muita fé e posso listar dez grandes presentes.

1) Sempre acreditei que a vida é um presente maravilhoso e tudo vai dar certo;

2) Sinto-me abençoado por receber todo dia o presente de acordar;

3) Tive como presente tio Joaquim, minha avó e Maria, que partiram mas serão sempre presentes nos dois sentidos da palavra;

4) Tive o presente de passar no teste da Rádio Cidade sem jamais ter entrado num estúdio;

5) Recebi o presente de fazer parte do projeto Shop Tour com apenas um telefonema;

6) Vivo o presente de palestrar e ensinar comunicação para milhares de pessoas nos melhores palcos da educação empresarial;

7) Percebo o presente de atender, motivar e inspirar a vida dos *coachees* que atendo;

8) Levo no íntimo o grande presente em forma de crença que me fortalece: é meu, ***ninguém disse que eu não posso ou não consigo!***

9) Consegui o presente de gravar tantos comerciais para um dos maiores varejistas do Brasil, a Casas Bahia;

10) Vivo um momento mágico, muito importante; pois acreditei e recebi o presente de escrever este livro para inspirar você.

Acabei de listar dez conquistas que vieram com a fé, o esforço diário, o sepultamento de qualquer mi-mi-mi que viesse me abater e a determinação inabalável. Fiz isso porque tenho um desafio.

Você já listou as suas conquistas, os presentes que recebeu durante os últimos dez ou 20 anos? Pegue caneta e papel, liste tudo de positivo que a vida lhe gerou e se prepare para uma grande surpresa.

O ser humano tem por hábito esquecer as boas vivências e os melhores presentes, mas tem muita competência para lembrar as coisas que deram errado.

Para mudar isso, experimente como vai ser bom reviver os presentes da vida. Vale mencionar os empregos que o fizeram feliz, as pessoas que conheceu, os mestres que apareceram em sua vida, as conquistas súbitas que você chamou de sorte e hoje sabe muito bem que foram frutos de esforço contínuo, os bens que adquiriu, enfim; esteja livre para compor o rol dos presentes. Só não vale listar coisas negativas, porque pertencem ao passado e lá devem ficar.

Você pode fazer este agradável e nostálgico exercício aqui ou em outra folha, mas sugiro que faça agora, enquanto as ideias estão *quentes* em seu coração.

Tenho certeza, enquanto leu este parágrafo, você já começou a se lembrar de muita coisa e como é bom recordar felicidade...

1)____

____

2)____

____

3)____

____

4)____

____

5)____

____

6)____

____

7)____

____

8)____

____

9)____

____

10)____

____

Conseguiu listar dez bons eventos de sua vida nos últimos dez ou 20 anos? Se a memória está o traindo, cuidado! Pode ser que prefira se lembrar de coisas ruins e esteja no mi-mi-mi.

Vamos lá, eu acredito em você, faça um esforço e motive-se pelas conquistas que fizeram quem você é hoje!

Eu me sentirei muito feliz em saber como foi para você a realização deste exercício. Envie e-mail para **sucesso@bobfloriano.com.br** – ainda que demore um pouquinho, vou responder com o carinho que você merece. Vá ainda além... Indique este exercício para aquela pessoa que você ama muito e sabe que está desmotivada, sem encontrar caminhos para a vida.

Ocasionalmente, tudo que as pessoas precisam é de uma boa lembrança, revivendo algo especial, que tenha poder para atropelar o negativismo que está experimentando.

Lembre-se: cada ser humano que você ajuda representa mais um degrau superado na escada especial do capítulo VIII, que não o leva apenas pra cima, mas também pra frente.

CAPÍTULO XV

Mestres de cerimônia, publicitários, altruístas e o poder

Gerações diferentes se unem sem choque, através da flexibilidade!

Não existe nada eterno ou imutável e ainda não foi criado um ser humano insubstituível. Personalidades emblemáticas como Einstein, Mozart ou Nietzsche, cada uma em sua área, encontraram concorrentes à altura de sua excelência.

Por que iríamos, então, eu ou você, imaginar que conquistamos a excelência e agora basta ficar ali, curtindo o êxito?

Todos os dias, concorrentes batem palmas à porta de meus principais clientes e isso não é ruim. Há muita gente que reclama da massa de concorrentes, mas eu agradeço, porque diariamente preciso provar ao meu cliente que continuo sendo o melhor fornecedor.

A excelência diária que devemos prestar aos clientes pode ser comparada com uma lotação, no transporte público. Se tirar o pé por uma fração de segundo, alguém colocará o pé no lugar onde estava o seu.

Há uma fila de pessoas querendo o meu e o seu lugar. Não o fazem porque desejam nosso mal; mas porque almejam conquistar *o mesmo ou além* do que conquistamos. Não é inveja, é a simples expressão da natureza humana que concorre até pelo ar que respira.

Com o *case* da Casas Bahia, por exemplo, quebrei um paradigma do mercado publicitário: formei uma aliança de ganhos fixos, algo raro no negócio, que se movimenta por trabalhos e respectivos pagamentos pontuais, inconstantes.

Tenho amigos que são locutores profissionais e encontram dificuldade porque o mercado reduziu assustadoramente a contratação de especialistas em locução, que de forma justa, custam mais caro e abriu portas para os profissionais inexperientes, procurando vozes que se orientam na cobrança dos honorários por base em apenas um critério. *Preço.*

Acontece no mercado publicitário para satisfazer um cliente, uma agência ou produtora e tenho certeza que o comportamento se repete também em seu segmento. Há muita gente disposta a entregar menos e receber menos.

A relação entre gerações, que deveria ser harmônica, já encontrou conflito neste sentido. A moçada que sai da faculdade e estrutura uma produtora, muitas vezes não sabe exatamente o que o cliente quer ou precisa.

É comum clientes me procurarem porque investiram um bom dinheiro contratando determinado profissional e não tiveram retorno. Tampouco é coincidência, caso você tenha acabado de pensar que já viu esta situação em seu ramo.

De forma generalizada, temos contratantes inexperientes que atraem prestadores de serviço igualmente embrionários na locução, nas vendas e na liderança de empresas.

Quanto vai custar, no futuro, um líder contratado por metade do salário que outro candidato exigia? Quanto custará para um anunciante cuja marca é consagrada contratar o profissional que ainda está aprendendo? Quanto vai custar a recuperação de clientes perdidos pelos três vendedores contratados sem experiência, que aceitaram 1/3 do salário da categoria, "só pra não ficarem parados"?

O tempo vai dizer, mas posso adiantar: não é barato!

Cunhei um termo para isso. **Desmelhorar**[6].

Em geral, agências não costumam contratar determinado profissional que vá contra suas decisões. O

6 Desmelhorar – uma intermediação entre não fazer o melhor, mas não piorar totalmente. Por exemplo: se você anda de bicicleta com habilidade, ainda que lhe peçam para cair, seu cérebro informará que você não sabe, pois está condicionado(a) a manter-se em equilíbrio. Outro exemplo: você caminha desde que nasceu sem nenhum problema físico e de repente, alguém lhe pede para andar mancando. Você simplesmente não sabe, e ainda que tente, não mancará como alguém que o faz desde que nasceu.

mercado publicitário ainda segue uma inquestionável submissão. Já teve casos, por exemplo, em que me pediram trabalhos onde seria necessário ***desmelhorar*** como profissional e precisei ser franco. O contratante sugeriu que eu fizesse sem muito capricho, como um cara iniciante faria.

- Desculpem, mas eu não consigo e nem aceito desmelhorar. Não faço menos, só me proponho à excelência!

A próxima consideração vale para todos os segmentos. Quero deixar um recado para contribuir com o futuro do Brasil, que está nas mãos da moçada.

O desconhecimento das novas gerações de profissionais deve ser reconhecido e admirado. Desconhecer não é vergonhoso, mas atender o cliente sem buscar apoio e contratação de quem já acumula experiência, vai sim, gerar constrangimento para o seu negócio, insegurança em sua carteira de clientes e convenhamos; nada pior que a insegurança rondando uma carteira de clientes ainda em formação.

Há lugar para novatos e experientes. O mercado não está e jamais estará fechado. Quem deve, entretanto, buscar profissionais que estão começando na carreira são os contratantes amadurecidos no nicho de atuação. Se as empresas adotarem esta postura, nunca mais existirá choque entre gerações, porque uma ajudará a outra.

Contratantes iniciantes de empresas igualmente inexperientes – podem contratar profissionais experientes, aptos para potencializar o seu negócio sem margem para dúvida.

Contratantes experientes de empresas igualmente experientes – podem contratar profissionais com menor experiência acumulada, porque estes sim estão prontos e hábeis para encontrar o potencial por trás da inexperiência.

Na seara do conhecimento, os mais calejados com as adversidades do mercado querem colaborar com o crescimento dos inexperientes e não tomar-lhes mercado, como muitos pensam ou atuar com *antagonismo biológico*. Não somos melhores nem piores, apenas nos completamos e há mercado para todo mundo.

Nós, mais experientes, não somos "encrenca" para jovens contratantes, que temem o desconhecido e acabam contratando qualquer pessoa que obedeça e não "dê problema", sem saber que o pacote comprado já veio com um baita problemão.

Estamos prontos para juntar forças com todas as gerações e o que falta, talvez, seja compreensão de um e de outro lado. Espero que este capítulo tenha elucidado no mínimo uma parte desta dificuldade.

Lembremos de algo importante... Como publicitário, deixo mais um recado para você que está entrando neste mercado: não somos semideuses e, às vezes, um texto de locução mal elaborado fica parecendo texto de anúncio em jornal. Discuta, participe de palestras, treinamentos e não faça como alguns que imaginam ter nascido prontos.

Viva além da publicidade e não às margens dela.

Por último, mesmo com o orçamento e o poder de contratação em suas mãos, jamais vilipendie um profissional. Se há um setor do mercado onde o dito popular ***o mundo gira*** funciona, é o publicitário. Ouça pessoas de outros setores. As respostas para o sucesso de uma indústria, muitas vezes, advém da pergunta que foi feita ao comércio e vice-versa.

Publicitário não pode andar somente
com outro publicitário.
Washington Olivetto

Versatilidade de compra

Uma das piores invenções do mercado de compra e venda foi a mesa de compra. Não exatamente o móvel em si foi mal escolhido, mas a customização das tarefas incumbidas aos compradores. De um lado, por exemplo, há um vendedor de helicóptero, que foi chamado à empresa porque o vice-presidente deseja adquirir uma máquina. Do outro, o comprador designado para intermediar esta aquisição. O problema é que, muitas vezes, para baratear o processo, empresários delegam para esta figura a compra de parafuso, porca, cabeamento elétrico, equipamento de segurança, helicóptero e contratação de locutores.

Não é culpa destes profissionais, é evidente. O fato é que já constatei muitos projetos onde desejavam contratar um profissional de voz e o comprador responsável pela contratação desconhecia totalmente os detalhes do setor.

Você pode até argumentar...

- *Bob, mas isso é uma exceção, só acontece no caso da locução!*

E o amigo citado, que vende helicóptero? E você, que está lendo esta obra, vende material de limpeza, sistema operacional de vendas, móveis de escritório, água, uniforme, relógio de ponto digital, material elétrico? E você que presta serviço de segurança patrimonial, limpeza predial, jardinagem, manutenção de portas de aço e *coaching* para empresas?

Acredite, às vezes, todos estes vendedores e prestadores de serviço se reunirão com o mesmo comprador, na famosa mesinha de compras. Como nenhum ser humano é mágico, o profissional de aquisição se torna cotador, já que desconhece as engrenagens de cada um destes setores.

Você acha mesmo que um comprador com tais demandas tem tempo e experiência para avaliar preço, qualidade, experiência, segurança e custo-benefício?

É isso que acontece com o setor de licitações no Brasil. O dinheiro público é usado para comprar bens e serviços, mas quem fecha a compra, muitas vezes, sequer sabe para que serve o produto comprado, quem é a empresa fornecedora e muito menos se está fazendo a melhor aquisição. *É a compra por volume. Deu certo, bem, não deu, amém!*

Este desconhecimento impede que empresas e profissionais liberais sérios acessem por exemplo, entidades como SENAI, SEBRAE e outros órgãos. Seus concorrentes oferecem produtos e serviços por ¼ do valor considerado justo até mesmo por aqueles menos experientes.

Já testemunhei jovens mestres de cerimônia recém-saídos de algum curso básico sobre o tema serem seduzidos pelo poder cerimonial que um evento pressupõe e fecharem cachês que não pagam nem a gasolina. A mesa de compra foi decisiva. Alguém viu e pensou:

Por que contratar um profissional experiente por quatro vezes este valor, se mestre de cerimônia é tudo igual, vai falar uns blá blá blás e ponto final?

Quando a pessoa não domina nenhuma área de sua vida, segurar o microfone diante de uma pequena multidão passa a exercer um ardente poder de sedução, o que a torna déspota.

Nada pior em um grande evento corporativo ou institucional do que encontrar mestres de cerimônia que invertem o propósito de estarem ali. Quem deve brilhar são as pessoas físicas ou jurídicas cujas ações culminaram naquele evento. O mestre de cerimônias é (ou deveria ser) totalmente apresentador, mas este segmento já testemunhou profissionais que se esqueceram porque estavam ali e passaram a palestrar como cerimonialistas.

Altruísmo ególatra

O trabalho voluntário reflete outro setor onde comumente encontramos pessoas garbosas e orgulhosas por estarem ali. Confundem altruísmo com poder e usam justificativas teoricamente plausíveis.

Porque está na casa há 15 anos, porque todos conhecem sua dedicação, porque isso e aquilo.

O fato é que esta pessoa se esqueceu o motivo, há uma década e meia, pelo qual se voluntariou. A causa que era nobre ganhou status de benefício para o ego. Trata as pessoas com rudeza e mentalmente transforma aquele no único lugar em que exerce algum tipo de poder.

Quem usa o altruísmo como garbo pessoal, não é voluntário, é voluntarioso, ou seja, voluntário orgulhoso.

Um dos panoramas mais brilhantes é quando temos instituições, sejam ONG's ou empresas, pautadas na união, na coletividade e com pessoas comprometidas que vivem a se perguntar:

- *O que eu vou aprender com isso?*

O berço educacional é crucial, através de *educação totalitária*, exercida por pais conscientes.

- *Filho, você precisa aprender todo dia, toda hora, com todas as pessoas, porque todo mundo ensina tudo e em todo momento você será capaz de aprender a ser uma pessoa melhor.*

Reparou quantas expressões conectadas com a universalidade eu usei? Foi proposital, porque assim deve ser a educação, composta a *todo* instante, com o comprometimento de *todos* os adultos que exercem influência na vida da criança e o compromisso de ensinar *todos* os valores éticos.

CAPÍTULO XVI

Mestre sem cerimônia

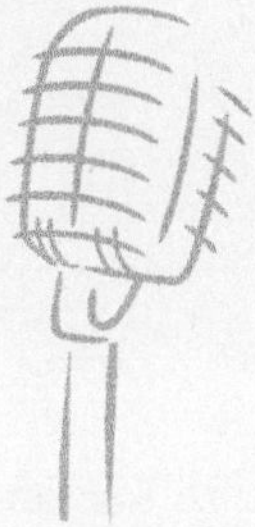

Quando amamos a missão de vida, inovar é um exercício simples!

Estou batalhando para firmar no Brasil a mesma inovação que consegui na *Rádio Cidade*, no *Shop Tour*, no *Fala Brasil* e na *Casas Bahia*. Em tempos onde cada vez mais temos o prazer de receber a audiência das gerações y e z nos maiores e melhores auditórios do país, tornou-se inconcebível aquele modelo engessado de cerimonial, com um púlpito e um sujeito que ninguém faz questão de ouvir.

O século XXI exigiu que o mestre de cerimônias se tornasse um *entertainer*. Não foi apenas o público jovem que fez a exigência. Os experientes também não tinham mais paciência para escutar o cerimonialista e ficavam batendo papo até que a atração principal subisse ao palco.

Isso mudou e com muita felicidade, posso dizer que estou cumprindo a missão como profissional da área, contribuindo para que esta cultura se multiplique de norte a sul, de leste a oeste: emoldurar o trabalho realizado por pioneiros, homens e mulheres que desbravaram o circuito brasileiro de eventos.

Como já narrei, são muitos anos de *dedicação total a você, slogan* de meu maior cliente. Há outro cenário onde me realizo como profissional. Tenho o grande privilégio de anunciar os maiores nomes das palestras, antes de entrarem para o show.

Um mestre de cerimônias do estilo convencional apresentaria Alfredo Rocha, por exemplo, da seguinte maneira:

- Disparado, ele é o palestrante mais assistido do Brasil. Mais de 2 milhões de pessoas já assistiram a sua palestra. O próximo palestrante é o Sr. Alfredoooo Rochaaaaaaa!

Confiram como apresentei Alfredo Rocha, em fevereiro de 2015, para mil pessoas:

- Desde os povos antigos, o ser humano já tinha o hábito de se reunir diante de uma fogueira para contar histórias. Hoje, chamamos de storytelling e reforçamos a técnica como um importante elemento cultural para transmitir lições e valores. Eu adoro ouvir histórias, acho sensacional escutar quem domina com maestria esta habilidade. Para você que precisa vender, liderar equipes de vendas e persuadir o cliente, contar histórias pode ser uma

grande estratégia. E eu conheço este cara que vai entrar agora como um dos grandes, senão o maior contador de histórias do país. Suas histórias são sensacionais e o meu trabalho encontra muita identificação com o dele. Assistido por mais de 2 milhões de pessoas, me ajudem a receber o grande Alfreeeeedo Rooooochaaaaaaaaaa!

O show não é do mestre de cerimônias. Para ele, cabe promover uma condução cada vez mais interativa. É como no rádio: ouvintes esperam que o locutor tenha sempre uma maneira diferente de apresentar seu artista favorito.

Um locutor precisa de coragem. Convidar a audiência para que acesse a rede social ao vivo é algo que assustaria mestres de cerimônia inexperientes, afinal interagir é um desafio enorme. Quero fazer algo totalmente inusitado. Você já pensou em treinar os seus concorrentes? Não há nada de errado nisso, ao contrário. Resgate os concorrentes das trevas e se proponha a dividir com eles um modelo inovador de atuação.

No alto, onde a excelência é maior, a competição é menor.

Neste mesmo dia de evento em que apresentei Alfredo, em outro intervalo quebrei mais um protocolo. Fiz uma proposta para aquelas mil pessoas que estavam na audiência.

- *As pessoas de suas relações precisam saber que vocês estão em busca de crescimento. Acesse a rede so-*

*cial **agora**, mas mantenha o celular no modo silencioso; poste onde está e o que está buscando. Currículo não é o que se escreve no papel, mas o que se vive. Mostre que está procurando evolução. Coloque agora na rede social onde você está!*

É impressionante ver mil pessoas acessando suas redes sociais simultaneamente. Consegue notar a diferença? Enquanto a maioria dos mestres de cerimônias faz a audiência cochilar e manda desligarem o telefone celular, é importante que outros façam tudo diferente.

Você acha que os jovens da audiência preferem acessar a rede social e postar aonde estão ou acham melhor desligar o aparelho?

Comunicar-se com públicos heterogêneos como se estivéssemos falando para a mesma pessoa. Talvez seja esta a maior lei da comunicação excelente.

CAPÍTULO XVII

Quem é o Tio Joaquim de sua vida?

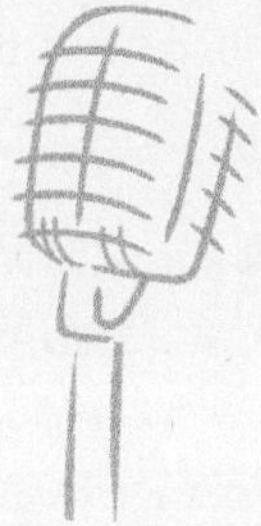

Transformes problemas em motivos para vencer e mudar de vida!

Comunicação não é o que você diz, mas o que as pessoas entendem.

Você se recorda desta citação, tenho certeza disso. É a quarta vez que insisto em fazê-la passear pela obra, não porque pretendo ser repetitivo, mas porque espero que entenda a pessoa com quem você está conversando.

Imagine uma árvore centenária. Frondosa, bela e cheia de vida. Sobre seus galhos, descansa um pássaro macho. Do outro lado, em outro galho, está a fêmea pretendida. O sucesso na comunicação garantirá ao macho que perpetue a espécie e o insucesso lhe condenará ao risco de extinção.

A curta metáfora permite entender que os vendedores nem sempre recebem o privilégio de uma segunda chance?

Entender os desejos e o perfil de seu cliente é a primeira opção. A segunda é se comunicar com excelência e a terceira... bem, a terceira pode ser a celebração ou a decepção.

Os livros têm impressionante poder. Permitem a melhor avaliação do mundo, aquela que passa apenas pelo seu crivo. Ninguém sabe o que você está pensando.

Então, reflita e responda sinceramente, lembrando que só você saberá a verdade:

De 0 a 10, sendo que 0 representa o mínimo de preocupação e 10, o máximo; quanto você se preocupa verdadeiramente sobre como as pessoas enxergam, ouvem e sentem a sua mensagem?

Se a resposta for qualquer uma abaixo de 9, sugiro que mude imediatamente. Como leu esta obra, você já possui recursos poderosos para alterar esta situação e somente quem responder entre 9 e 10 terá sucesso na comunicação, na vida e nos negócios. A nota 9 é ótima, até melhor que 10, porque significa que você deixou 1 ponto para constante autoanálise, enquanto a nota 10 pode ser somente uma manifestação do ego.

Você deve ter grande interesse pela descoberta de qual é o melhor canal de comunicação com determinada pessoa. Isso vale para o trabalho e para a vida pessoal.

Será que estamos realmente parando para ouvir as pessoas ou estamos reclamando e esperando que elas nos entendam? Que respeitem nosso ponto de vista? Que nos aceitem como somos, sem disposição para mudar nada?

Você se lembra que falamos sobre umbigo? Isso tudo é apenas olhar para o u-m-b-i-g-o.

Todos conhecem a frase *amar ao próximo*, porque remonta de escritos bíblicos. E se eu perguntar:

Quem é o próximo mais próximo de você, senão você?

Chegou o momento de revelar detalhes sobre o homem que me ensinou tudo sobre comunicação.

Você se lembra do tio Joaquim, narrado nos primeiros capítulos?

Eu me preparei muito para este trecho, porque antecipadamente sabia que não seria fácil reproduzir os momentos mais marcantes da infância. Mas, não poderia esconder esta que provavelmente é a maior de todas as lições do livro.

Toda minha infância aconteceu ao lado deste grande homem e vou mais longe. Sem o tio Joaquim, eu não teria me interessado tanto por comunicação. Possivelmente, tudo teria sido diferente. Se há uma pessoa nesta vida que merece o meu agradecimento pelo sucesso conquistado, é esta grande figura. Prepare-se:

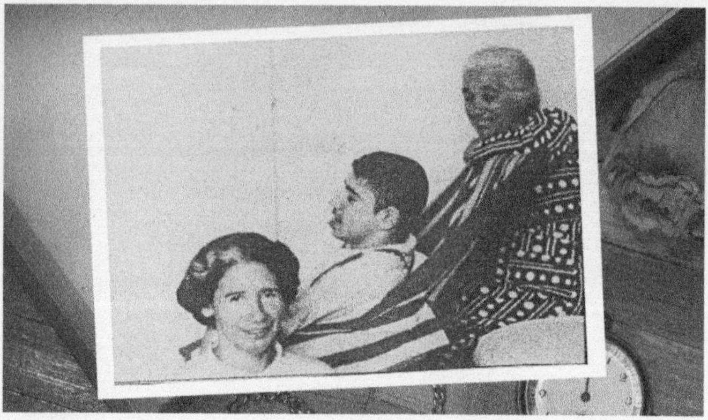

À esquerda, Maria, que me criou, aquela que preparava os deliciosos biscoitos de polvilho. À direita, a avó Clotilde, que tantas lições deixou.

Quando nasceu, tio Joaquim teve paralisia cerebral. Não falava uma palavra. Tetraplégico, seu modelo de mundo se dividia entre uma poltrona e a cama.

Adorava rádio. Adorava televisão. Adorava revistas. Jamais se comunicou como a maioria das pessoas, mas foi um dos maiores especialistas em comunicação que conheci, porque tudo que tinha era um olhar e um sorriso.

Na casa de minha avó, passei a infância e parte da adolescência ao lado de tio Joaquim e agora você pode entender porque eu disse, lá atrás, que ele ensinou tudo que sei sobre comunicação.

Tive que me adaptar para saber o que ele queria em cada momento.

Ele queria que trocasse, no dial, a estação de rádio?

Ele queria que procurasse outro canal de televisão?

Ele queria fazer xixi?

Ele estava com fome?

Ele queria ir para a cama e descansar o corpo na horizontal?

Ele preferia ficar na cadeira pelo resto daquele dia?

Tudo que eu tinha para entender cada vontade do tio eram os seus murmúrios, pois como mencionei, não falava de forma compreensível, embora fosse totalmente consciente do que acontecia ao redor.

Antes que você se apiede desta figura incrível, permita-se explicar uma peculiaridade do comportamento. Diante de tantas adversidades, limitações e total dependência, tio Joaquim jamais cedeu ao assédio da tristeza.

Era uma pessoa de riso fácil e gargalhada alta. Procurava sempre encontrar uma maneira de se fazer entender com a parca comunicação que conseguia transmitir, mas nunca; repito: seu semblante nunca reclamou de nada!

Passados tantos anos, é por isso que até hoje sinto gratidão quando acordo, saudável, senhor de minhas escolhas e sem mi-mi-mi:

Tive o tio Joaquim como eterna fonte de inspiração, motivação e resiliência.

Aprendi rádio porque tinha um ouvinte especial em casa. Precisava saber o que, como ele queria falar e o que estava sentindo. Ao lado dele, o ***momento do ouvinte*** *era meu.*

A maior de todas as lições deixadas por este especialista em comunicação que não usou uma palavra, mas fez uso do coração para registrar seu ensinamento:

- *Bob, conheça as pessoas de coração, como você me conhece!*

Eu cuidei muito do tio Joaquim e não era uma obrigação entediante. Pelo contrário, era divertido. Todo dia eu e ele tínhamos o desafio de aprofundar e reinventar a comunicação.

No futuro, era ***com*** e ***para*** ele que eu ia falar sobre minhas vitórias.

O brilho nos olhos dele quando tomava conhecimento de minhas vitórias gerava para mim uma certeza íntima: agora que dividi e vi o olhar do tio, posso considerar que realmente estou vencendo!

Nem o tio Joaquim e muito menos eu teríamos como saber disso, naquela época. Mas, até hoje, fico imaginando a sua imagem de felicidade quando eu lhe contasse que subi nos palcos mais disputados do circuito brasileiro de desenvolvimento humano para ensinar excelência em comunicação e vendas. Vejo-me a imaginar como ele ficaria feliz se eu chegasse com este livro e dissesse:

- Tio Joaquim, hoje eu trouxe um livro especial. Vou ler para você a obra escrita por mim sobre a nossa vida e sobre tudo que você me ensinou.

Se ainda estivesse vivo, com certeza, soltaria sua estridente gargalhada, marca maior dos seus momentos de extrema felicidade...

A sua resposta pode ser metafórica, pois você provavelmente não teve a mesma experiência que eu. Pode ser comparativa, porque talvez a sua vida tenha sido agraciada por um pai, uma mãe, avô, avó, tio, tia, professor, professora... Pense:

Se me permite a pergunta, quem é ou foi o tio Joaquim de sua vida?

CAPÍTULO XVIII

A catarata que impede de enxergar o sucesso

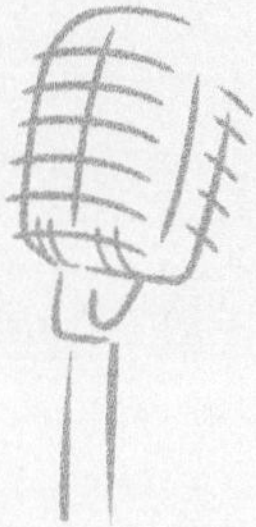

**Todo dia, abra os olhos de verdade.
Há sempre algo para enxergar
além do sentido de ver...**

Quem não tem fome e sede pelo sucesso se incomoda com os famintos. É um fato.

Os despretensiosos querem ver os vitoriosos na mesma treva que habitam. É um fato.

Quando o ser humano caminha às cegas, qualquer facho de luz é um grande incômodo e qualquer forma de saber, de conhecimento, pode ser vista como confronto. É um fato.

O cego comportamental passa a ver como inimigo todos que tentam retirar a catarata de seus olhos ignorantes.

Pense em uma pessoa que você conhece, com imenso potencial, mas sem o mínimo de sucesso na vida. Pode reparar que uma conversa sobre os melhores placebos da evolução humana é inconcebível para ela.

Tente puxar uma conversa sobre o sentido da vida, a filosofia, por que estamos vivos, missão e amor. Ela vai se afastar rapidinho...

Puxe um diálogo sobre futebol, novela, *reality show* ou mega-sena e prepare-se para conseguir tempo, porque a conversa irá longe!

É tanto esforço direcionado para onde não sai nada que não sobra tempo, dinheiro ou disposição a fim de contemplar o que realmente importa nesta vida.

Não vale pensar, entretanto, que o ser humano não tem solução. Sempre será possível ajudar alguém que esteja com catarata para o sucesso e você pode muito bem atuar como cirurgião da pessoa, principalmente se existe amor. Um irmão, primo, cônjuge, namorado(a), pai, mãe, vizinho, não importa...

Este é um caso perdido, não vai mudar nunca!

Antes de carimbar uma etiqueta no dorso de alguém que você ama, pense em carimbar outra:

Caso se permita, você também merece mais uma chance de mudar!

Repare no dependente de droga. Ele normalmente não aceita ajuda, assim como o alcoólatra e o deprimido.

Há um erro na abordagem que a sociedade usa com estas pessoas presas pela doença viciante. É preciso lembrar que elas veem a própria prisão química como uma forma de liberdade, então raramente acatarão sermões, broncas, nada que possa acabar com sua *liberdade*.

Eu aprendi algo que funciona sempre e também vai funcionar com as pessoas que você ama, assim como acredito que funcionaria no caso dos exemplos citados. Costumo pedir autorização.

- *Posso te pedir uma coisa?*

- *Posso te falar algo?*

Quando ela autorizar, será o momento de usar a habilidade de comunicação que venho ensinando desde a primeira página, para convencê-la a mudar. E é claro, em algum instante, ela vai ficar irritada, mas você tem um grande trunfo nas mãos, porque o que é combinado, não é caro. Basta dizer:

- *Espere aí, você me autorizou a falar, me deu um vale-sinceridade!*

Se você emite uma opinião sobre a conduta ou a maneira como pensa determinada pessoa, aos olhos dela tem outro nome. Não é ***opinião***, mas ***crítica***.

Lembra que narrei o julgamento do TCC ao qual fui convidado como membro da bancada de avaliadores? Eu critiquei, mas antes, perguntei.

- Posso falar o que eu penso pra vocês?

Eles me autorizaram, um a um. Com isso, me deram o direito de dizer, minutos depois, caso algum deles se irritasse (o que não foi o caso):

- *Quer elogio? Deveria ter pedido para a avó!*

O *feedback* nas empresas segue a mesma lógica conceitual e prática. Não adianta chegar discursando, vomitando na equipe tudo que está errado e criticando todas as pessoas. Ainda que você seja dono(a) ou sócio(a), antes do desabafo, peça permissão para a equipe.

É um grande problema? Peça:

- *Temos algo muito sério para resolver. Vocês me permitem que fale com total franqueza?*

É algo a festejar?

- *Tenho uma excelente notícia. Posso contar antes ou preferem ver acontecendo na prática?*

Evite o erro comum que os líderes cometem no momento do *feedback*. Quando é para descer porrada, pedem permissão, mas quando a notícia é boa, não geram nem o efeito-suspense. Oferecem o *feedback* sobre um pedido que acaba de ser assinado, para exemplificar, que representa a maior venda dos últimos dez anos. Daí dizem:

- *Parabéns, turma. Fechamos o maior pedido da década!*

Oi?

Está errado. A forma correta é bem diferente.

- *Turma, tenho uma grande notícia para dar. Provavelmente, o melhor feedback que já dei pra vocês. Mas, vai acontecer de uma forma ou outra. Vocês preferem ficar com a surpresa para comemorar lá na frente ou devo contar imediatamente o maior feito da história de nossa empresa nos últimos dez anos?*

Isso sim é um *feedback* positivo com efeito-suspense!

Quando as coisas não caminham bem, o líder não deve chegar para a equipe de vendas e dizer:

- *Este mês as coisas vão ter que mudar. Cada um que dê seus pulos pra chegar lá. Vamos precisar bater meta. A empresa nunca precisou tanto de vocês!*

Não há nada de errado com o discurso. Faltou apenas o filtro.

- *Estamos vivendo uma situação muito dura. Posso abrir o coração e dizer como estamos precisando de vocês?*

Duvido que *se ouça por um ouvido e saia pelo outro*, porque você usou a excelência na comunicação e quem fala bem, vende mais!

O que você faz quando ganha um presente?

Nos atendimentos de *coaching* que realizo, tenho repetido esta pergunta para muitas pessoas, transformando-a praticamente em pesquisa. Quase sempre, elas dizem:

- *Eu agradeço!*

Devolvo a pergunta:

- *Agradecer é uma ação educada. Mas como age sobre o presente, o que você faz com ele?*

Após algum vacilo, as pessoas acabam respondendo:

- *Eu pego o presente!*

- *Eu levo pra casa!*

- *Eu guardo!*

Muitos ainda não estão preparados para os presentes que a vida lhes dá. Ainda não têm resposta imediata para dar porque não entenderam o conceito de que tudo na vida é um presente. Outros, não compreenderam que merecem o presente de estarem vivos. Você já deve ter presenteado alguém e escutado a seguinte frase:

- *Ah, não precisava!*

Em outras palavras, é o seu inconsciente refletindo:

- *Eu não quero o seu carinho!*

- *Eu não mereço o seu carinho!*

Presente é a manifestação do amor através de um bem material.

- *Eu te amo!*

- *Eu gosto muito de você!*

É isso que a pessoa procura dizer quando presenteia e não raro, escuta:

- *Não precisava!*

A atitude mais comum do presenteado é um "muito obrigado", encostando o presente ao lado, para abrir depois. Obviamente, quem presenteou não fica nada feliz.

A pessoa não abre. Não dá valor. Não usufrui. Qualquer das três opções é como se rasgasse ou ignorasse.

Este desdém acontece quando recebem os presentes das pessoas mais importantes de sua vida e ainda mais grave; quando recebem os presentes do universo.

Quando estiver recebendo um presente, lembre-se de algo muito importante. A devolutiva é tão ou mais importante do que o presente em si.

O universo lhe dá o presente de estar vivo(a), de acordar, de trabalhar fazendo o que ama, de assumir uma família, de conquistar os seus sonhos. Você vai dizer para o universo que ***não precisava***?

Quantos vendedores recebem o raro presente de trabalhar com uma das profissões mais belas do mundo e não valorizam?

Como é possível que a pessoa se queixe porque precisa acordar na segunda-feira, partindo para exercer a missão de ajudar os clientes a encontrarem a melhor e mais viável solução?

E naquele seu armário, quantos presentes estão guardados?

- Como assim, Bob? Não tenho nenhum presente guardado, sem abrir!

Tem certeza?

Aposto que você acumula um monte de presentes que recebeu da vida e nunca usou.

*E aquele armário cheio de informações sobre clientes antigos, que você chama de **inativos**, mas não dá um passo sequer para transformá-los em **ativos**?*

E aquele pacote grande de determinação que a vida lhe deu e ficou dentro do armário, porque você supunha que não precisava?

E aquela enorme caixa de sucesso que a vida insistiu em colocar diante de sua porta tantas vezes e você nunca levou para dentro, porque achava que não merecia?

Qual é o supermercado que expõe os temperos de uma vida plena nas prateleiras? Você consegue ir até o estabelecimento? Consegue escolher para si os presentes que sempre se negou a dar, se convencendo com pretextos de toda sorte? Encha seu carrinho com determinação, ambição, amor, entusiasmo e carinho. Sacie a sede e a fome pelo sucesso e jamais diga para a vida que não precisava ter trazido os incontáveis presentes que chegaram ou ainda estão para chegar!

A sua vida talvez tivesse outro sentido se você permitisse, a cada início de dia, fazer uma pergunta.

O que vou construir hoje é o bastante para me fazer feliz?

A comunicação excelente começa de você para você, mas apenas perguntar por perguntar pode deixá-lo vivendo em devaneio.

Ao término de cada dia, responda sinceramente esta pergunta que fez pela manhã e jamais pare de se perguntar e responder. Quanto mais fizer, maior o sucesso.

Quando acabar o dia, algumas respostas serão as seguintes:

Eu me informei mais!

Eu retomei os passos que permitirão realizar aquele sonho adormecido há 10 anos!

Eu ajudei alguém!

Eu cuidei da saúde!

Eu fui mais gentil com as pessoas que amo!

Eu não vendi por obrigação. Dei o melhor de mim para oferecer a melhor solução!

Eu me proibi de ficar triste ou irritado(a)!

Eu fui mais tolerante!

Eu escutei o desabafo do amigo sem dizer uma palavra, porque o silêncio, às vezes, é a melhor comunicação do mundo e poderoso recurso para retirar o manto que abafa emocionalmente!

Eu li uma obra sobre a riqueza da comunicação, escrita por uma pessoa que ficou feliz pela oportunidade de me servir com novos conhecimentos, para que eu também encontre o sucesso, porque agora tenho uma receita infalível: ***quem fala bem, vende mais!***

Eu...

Eu...

Eu...

Eu...

Eu...

Eu...

Agora meus agradecimentos:

Aos meus pais Alencar e Vanda. Aos mestres Carlos Townsend, Luiz Fernando Magliocca, Fernando Vieira de Melo (pai), Dr. Reynaldo Leite e Maria Del Mar Franco. Aos inspiradores desta obra Edílson Lopes, professor Claudio Tomanini e Edilson Menezes. Aos milhares de ouvintes da Rádio Cidade FM de São Paulo. Aos telespectadores do Shop Tour, Fala Brasil e consumidores da Casas Bahia. Aos anjos inesquecíveis Maria, vó Clotilde e Tio Joaquim.

Muito obrigado!

Receba minha gratidão por acompanhar cada página. Esta obra só vai terminar aqui se você quiser. De minha parte, não acaba nunca mais. Faça contato, tire dúvidas, compartilhe suas experiências ao aplicar as dicas do livro e conte comigo. Ainda que demore, por conta do volume de e-mails, tenha certeza: eu vou retornar!

sucesso@bobfloriano.com.br

www.bobfloriano.com.br